JEUX AMUSANTS POUR ADULTES

ADULTE LABYRINTHE JEU LIVRE

ActivityCrusades

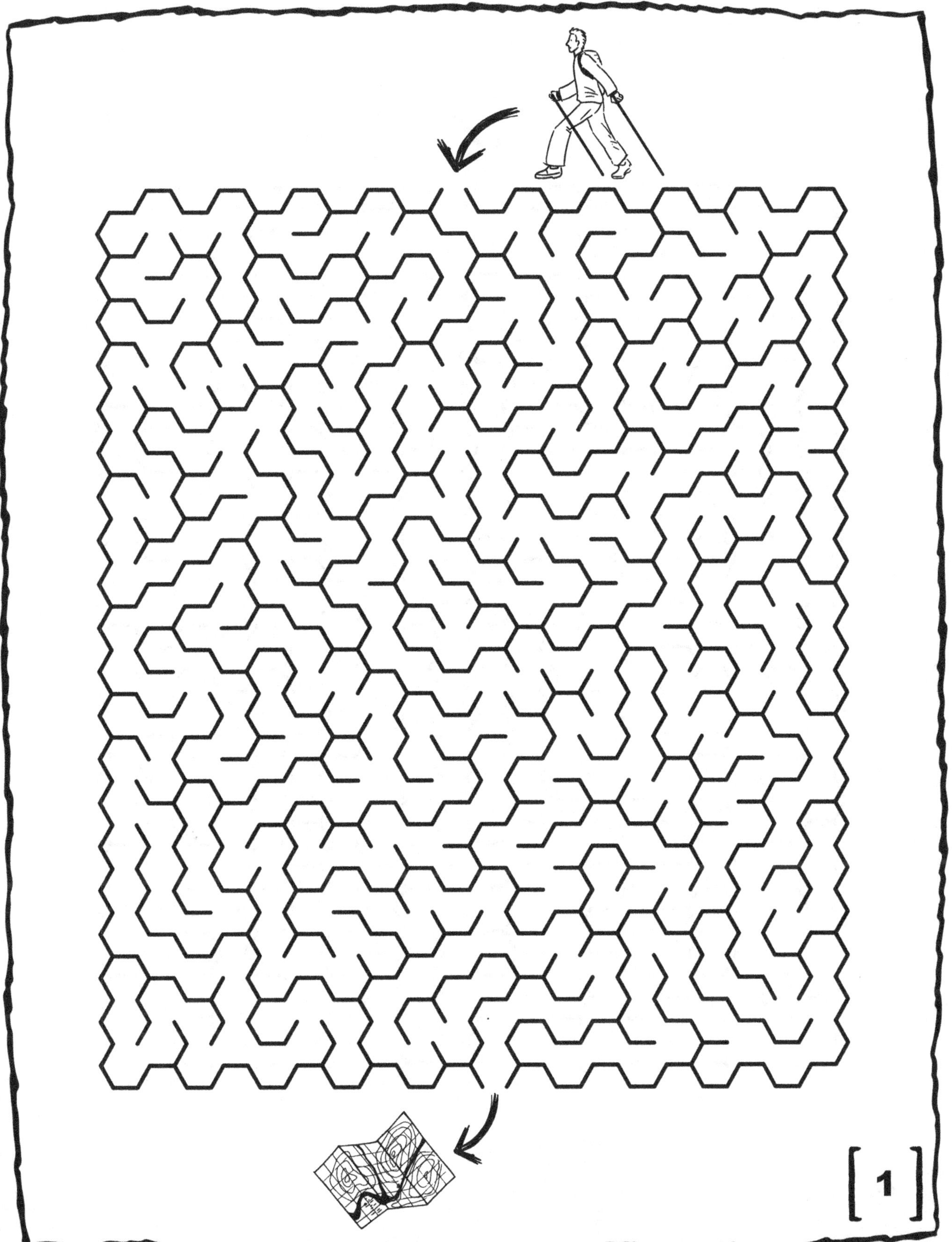

[1]

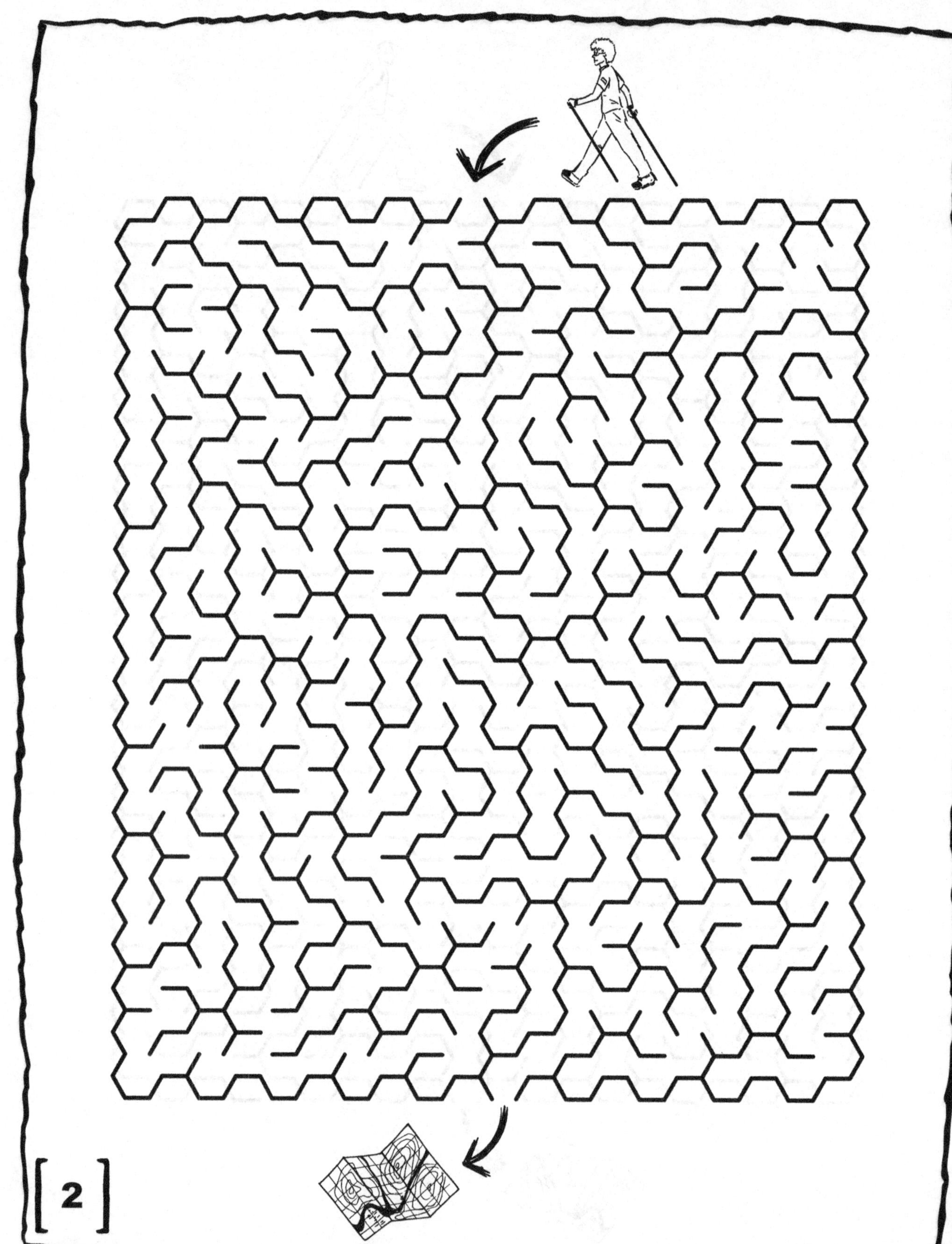

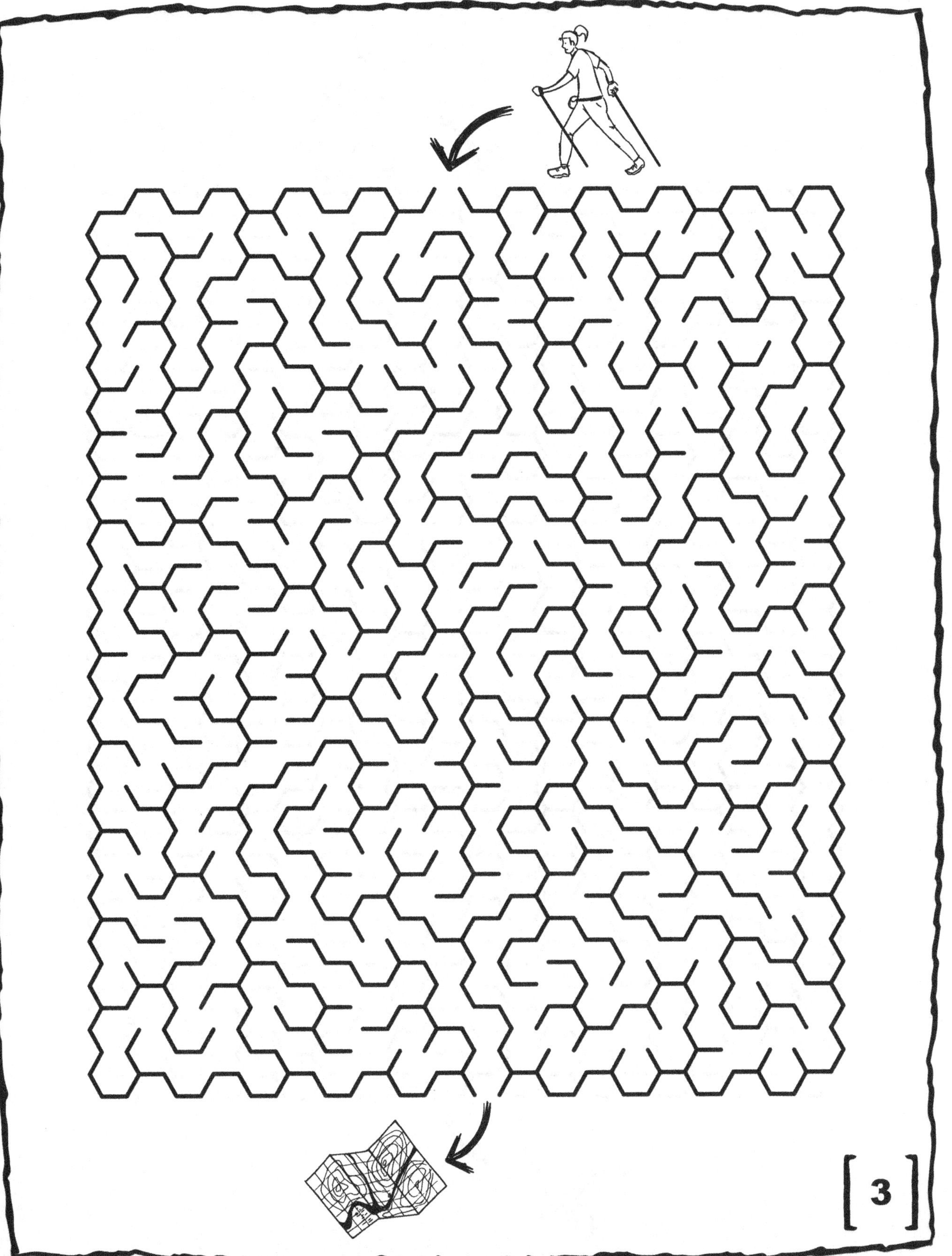

[3]

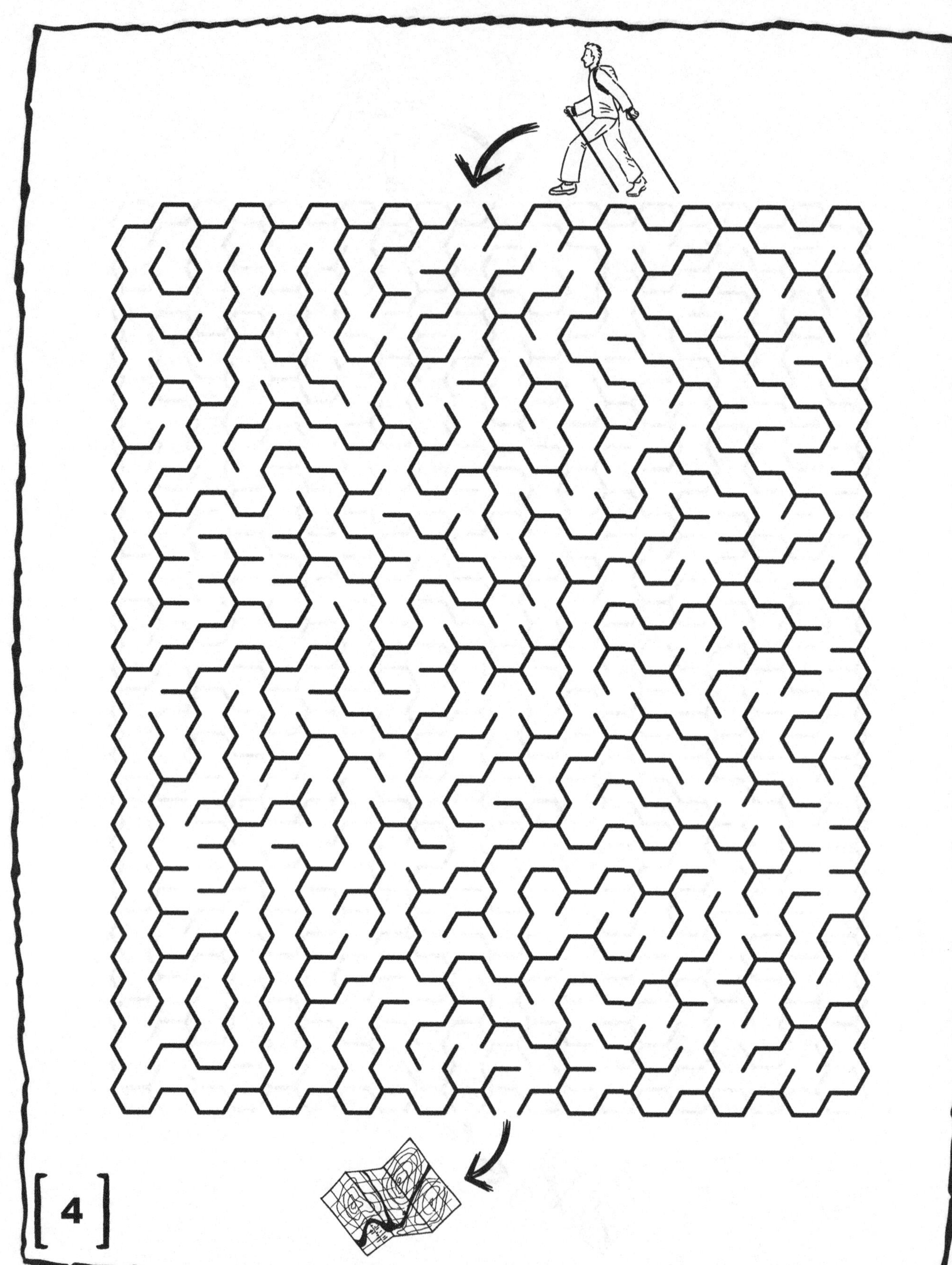

[4]

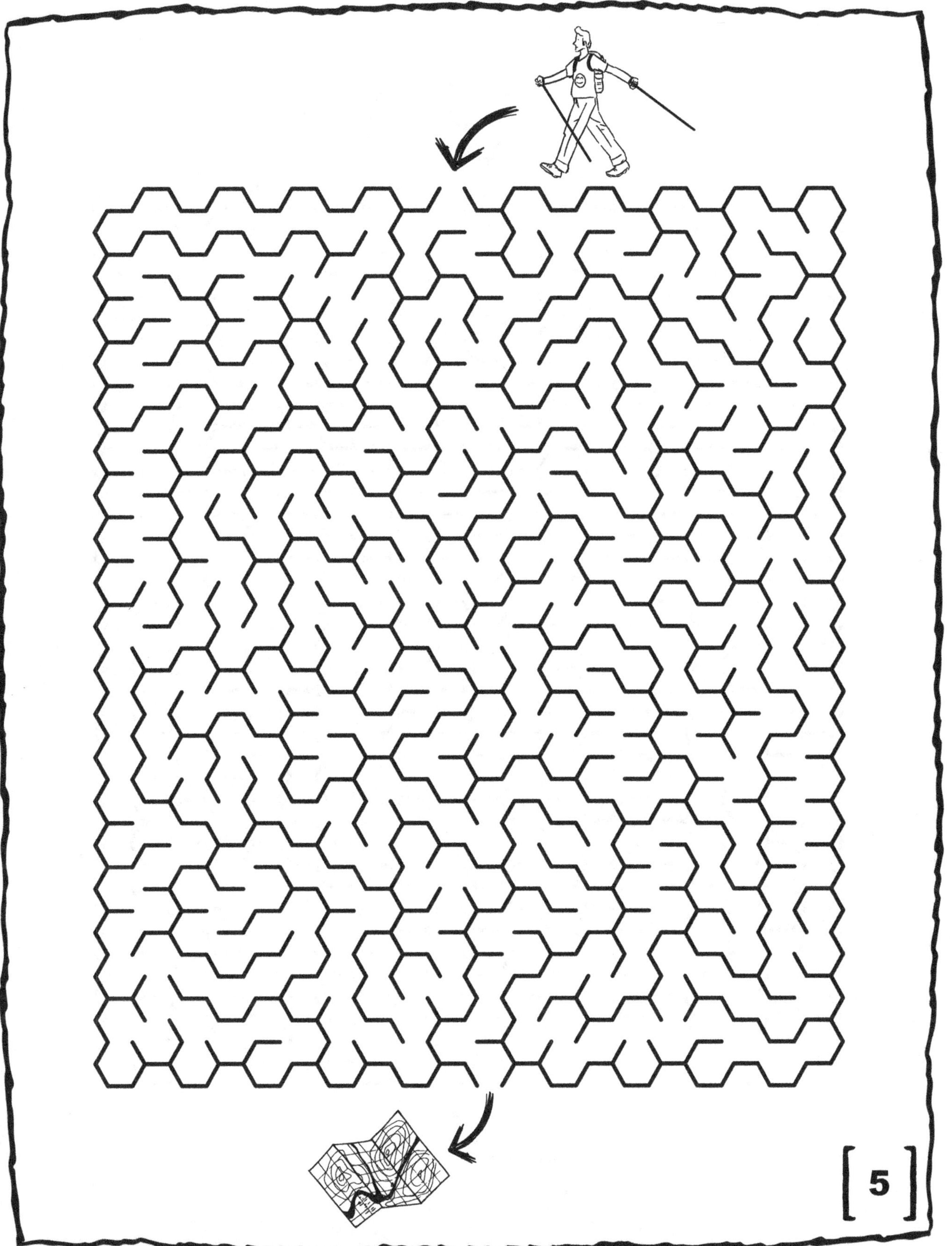

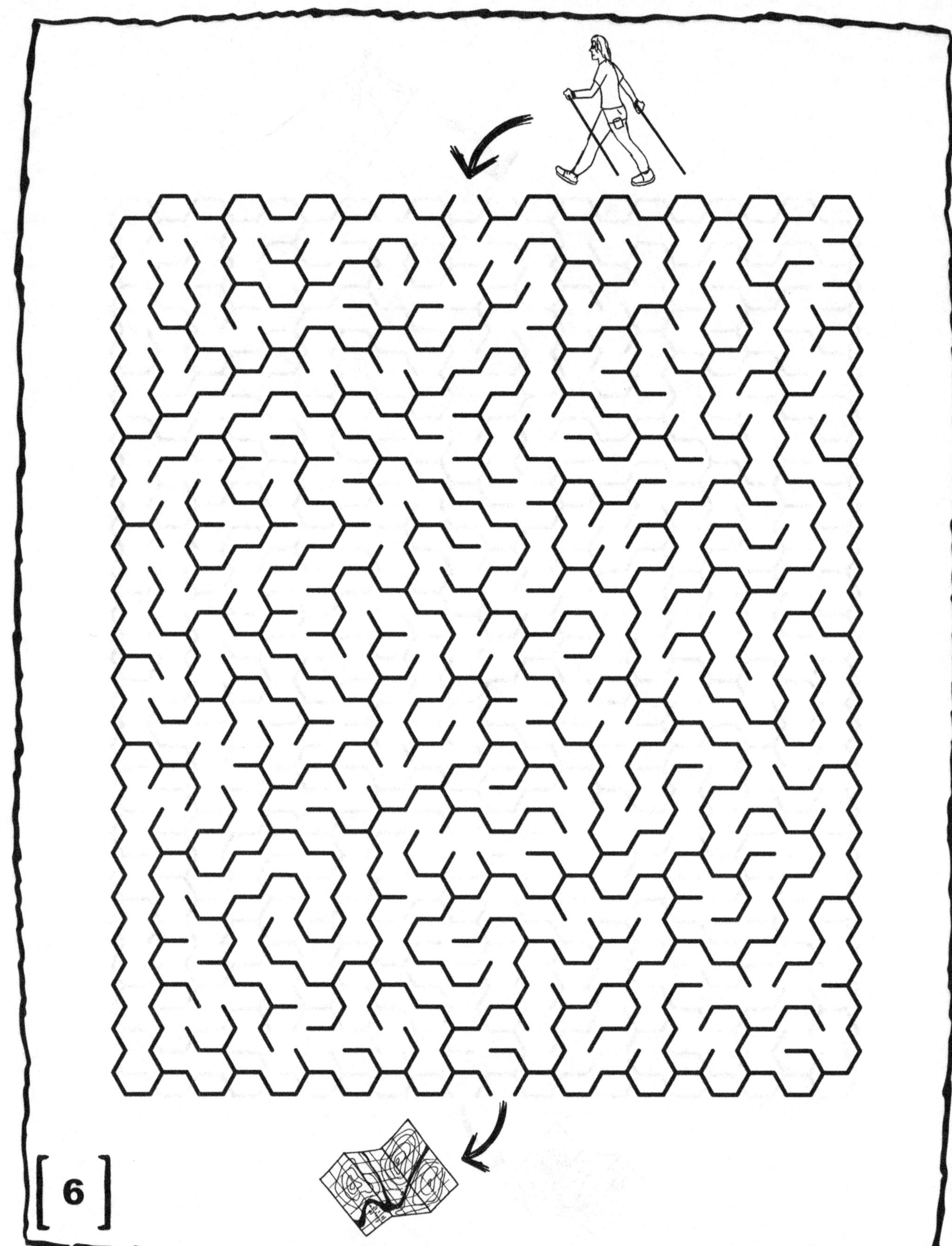

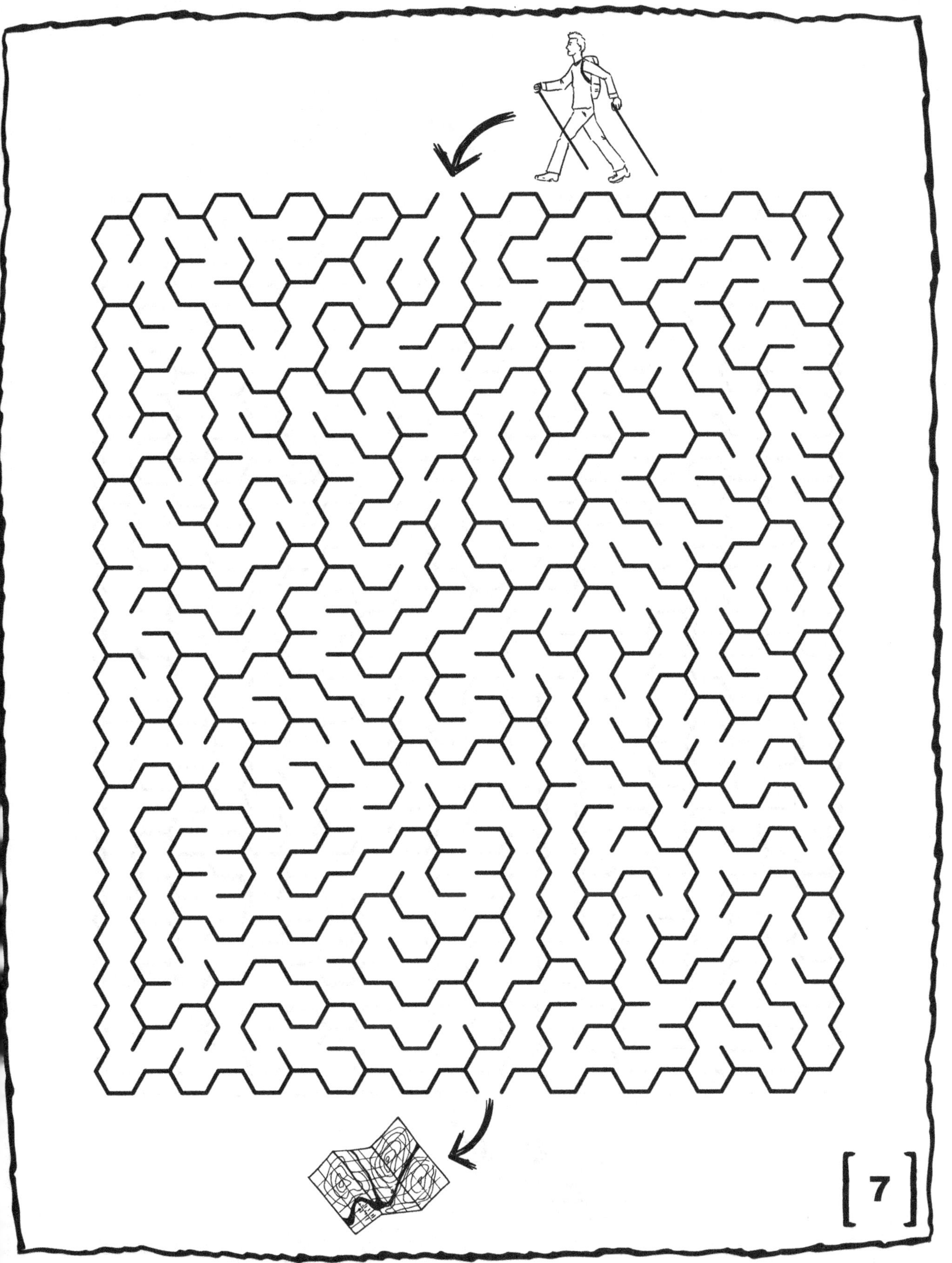

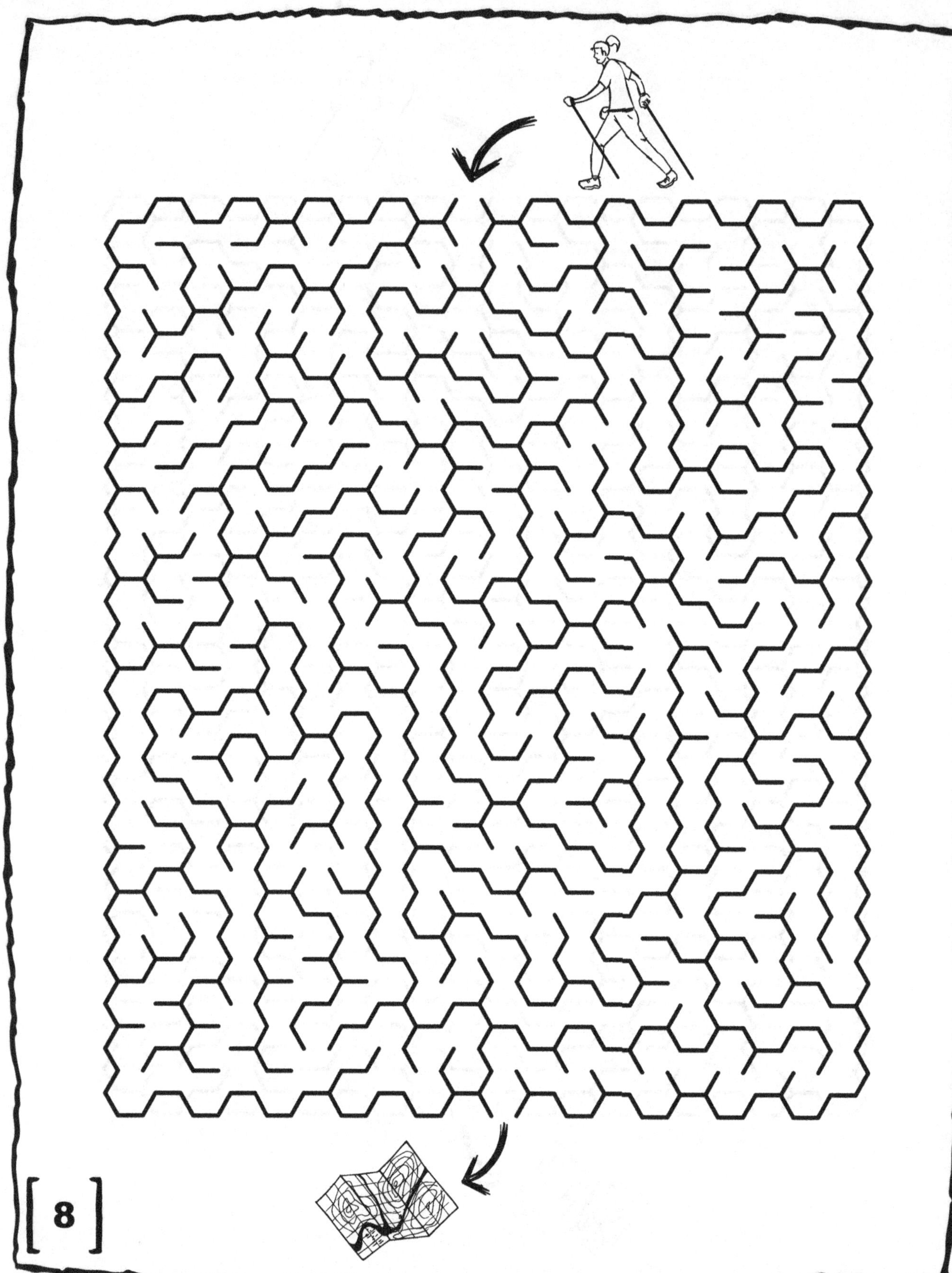

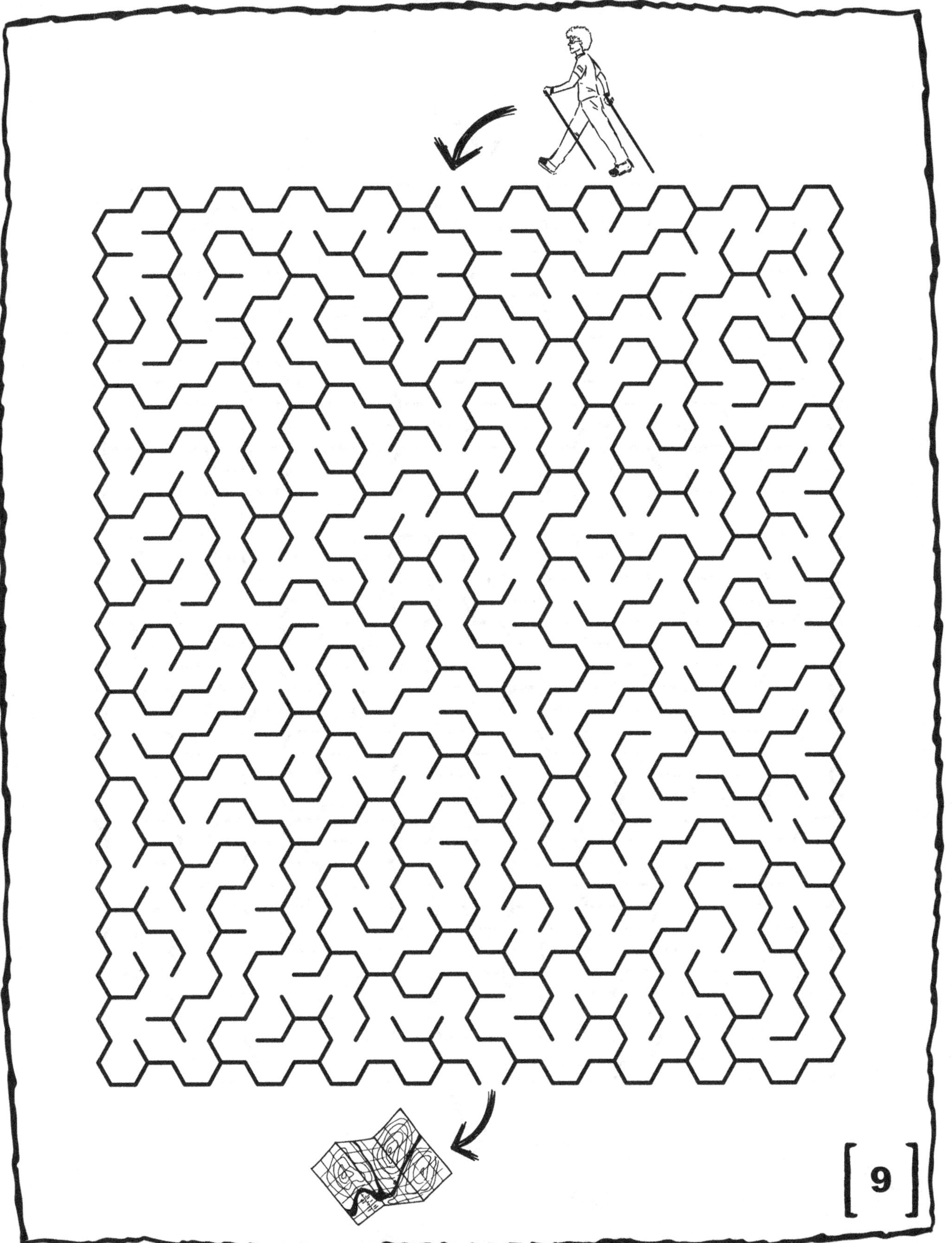

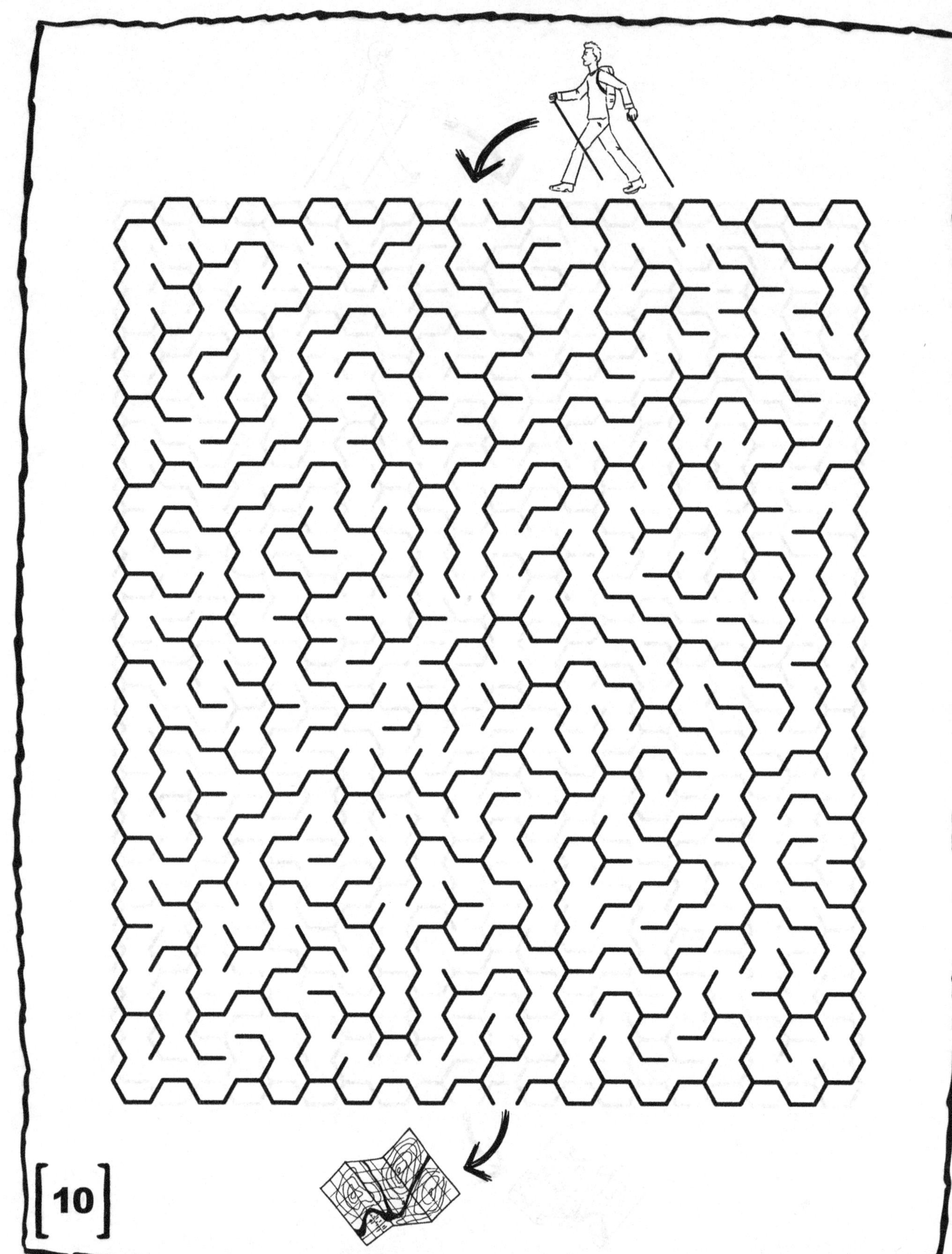

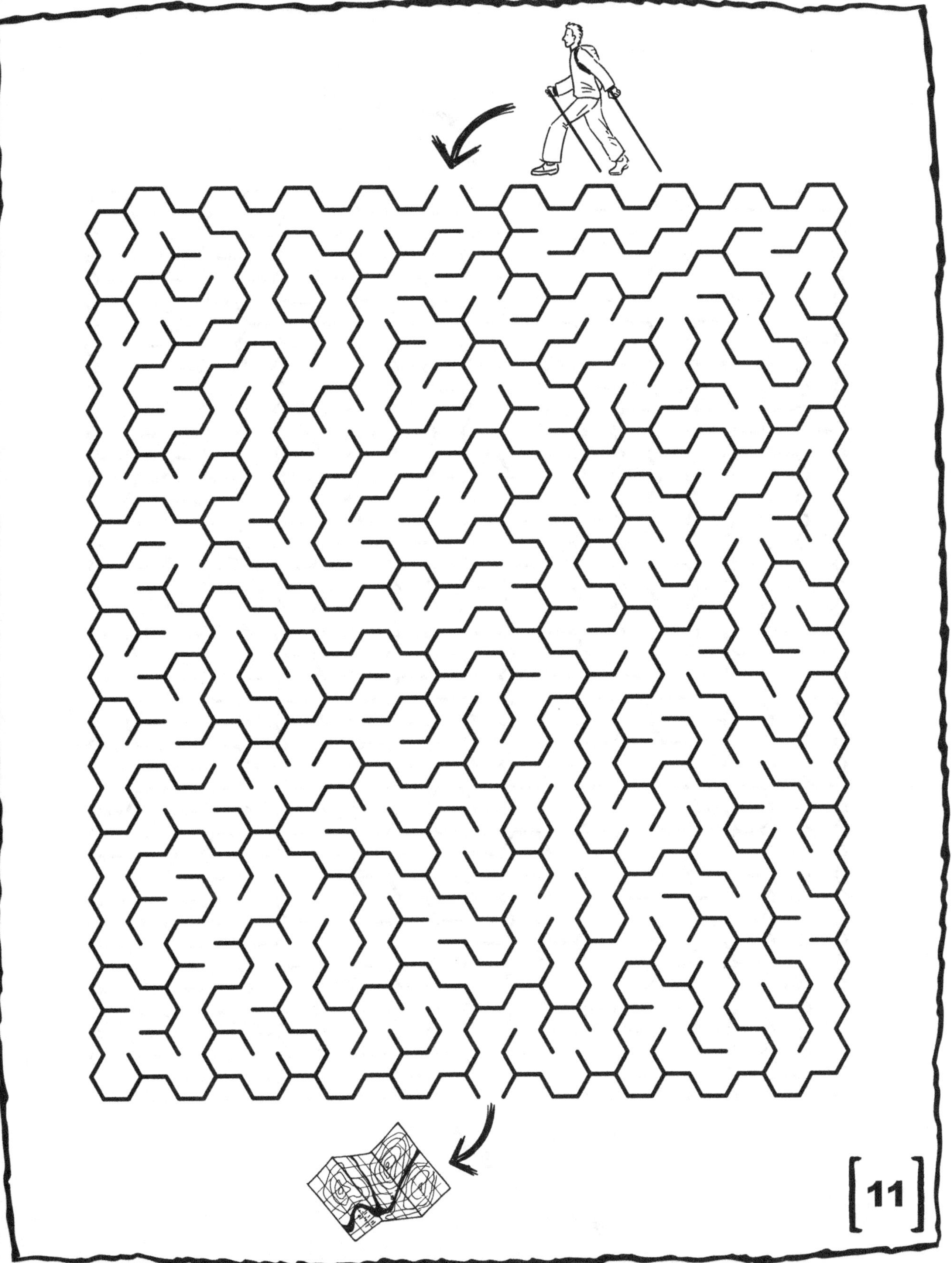

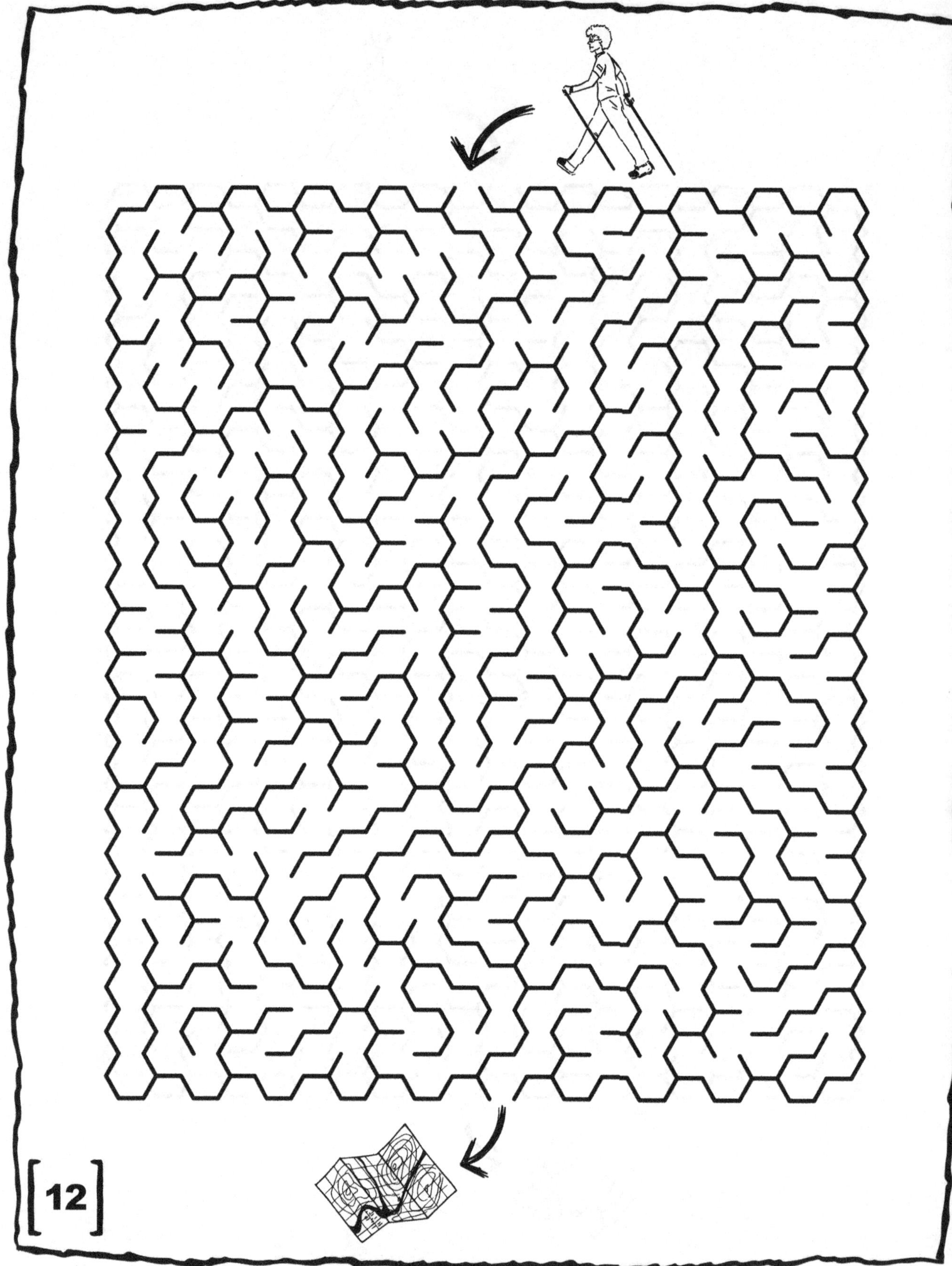

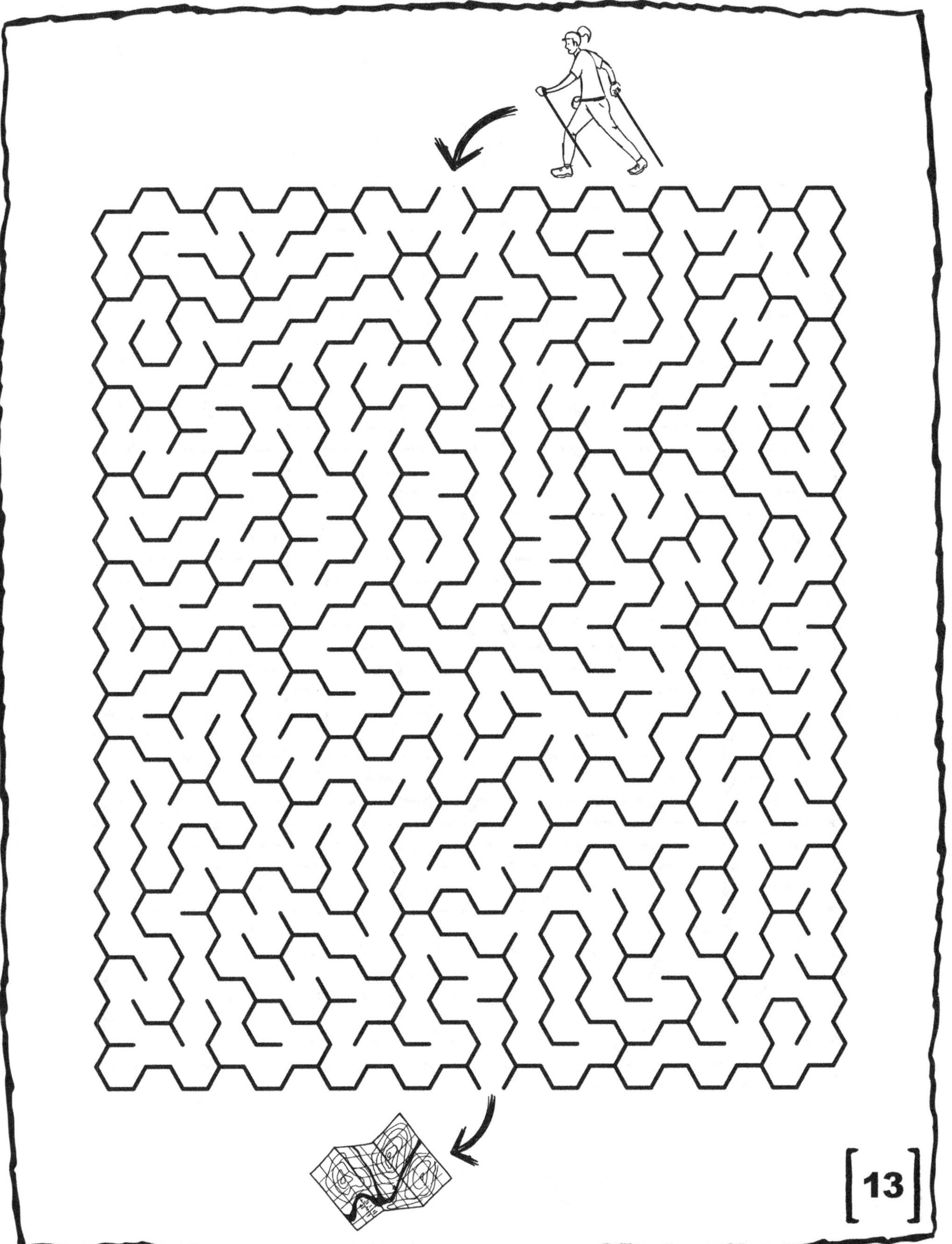

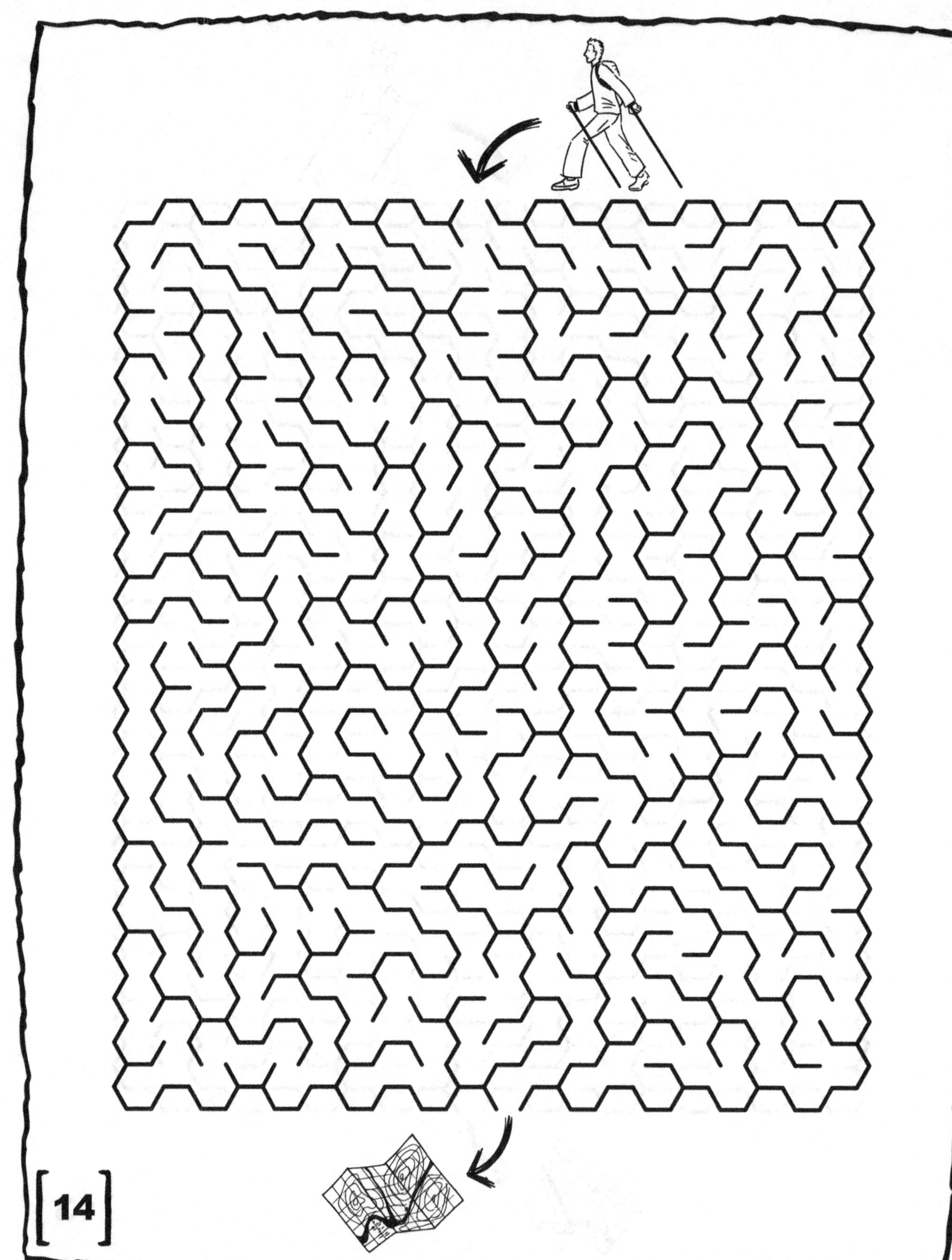

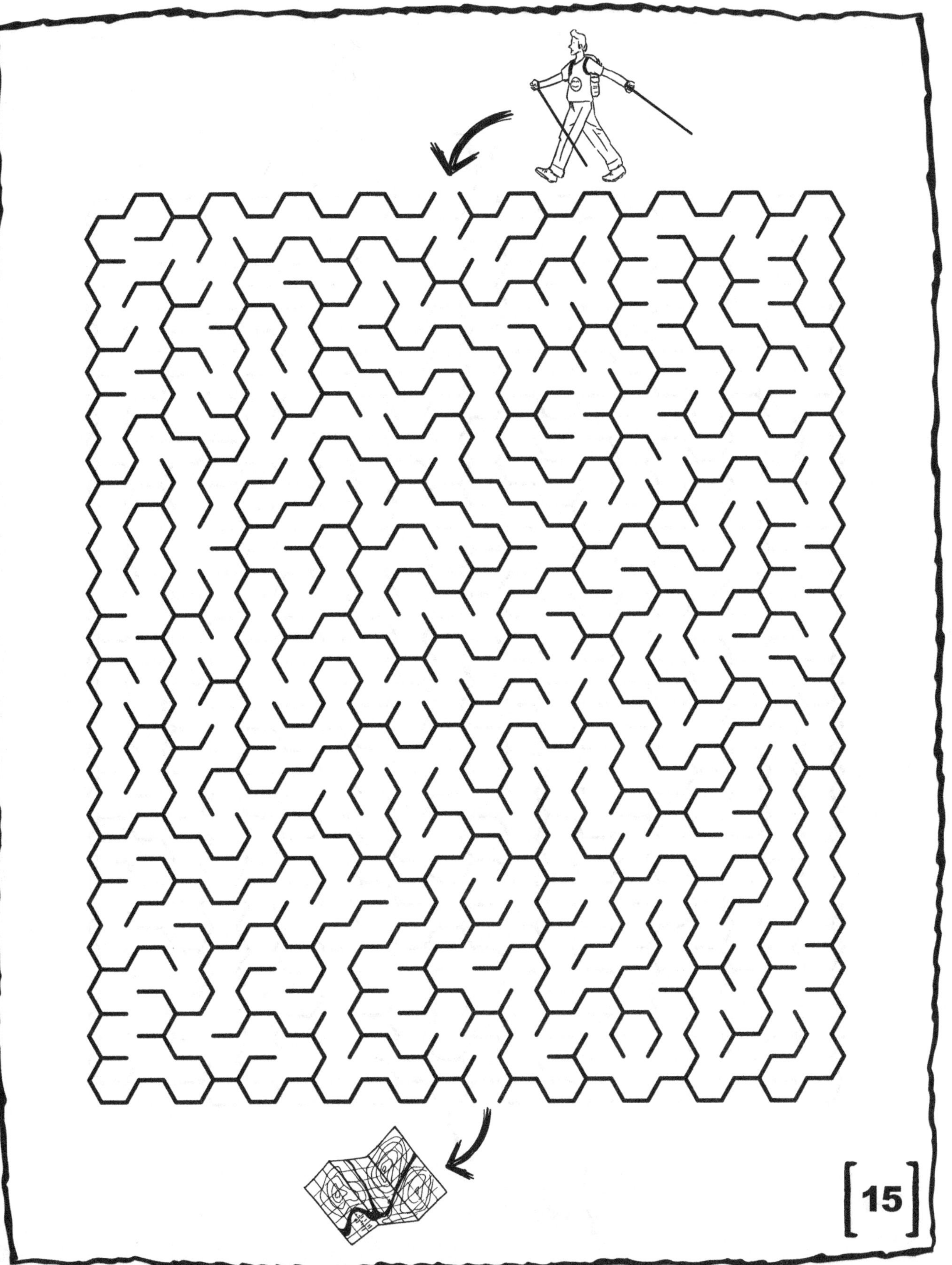

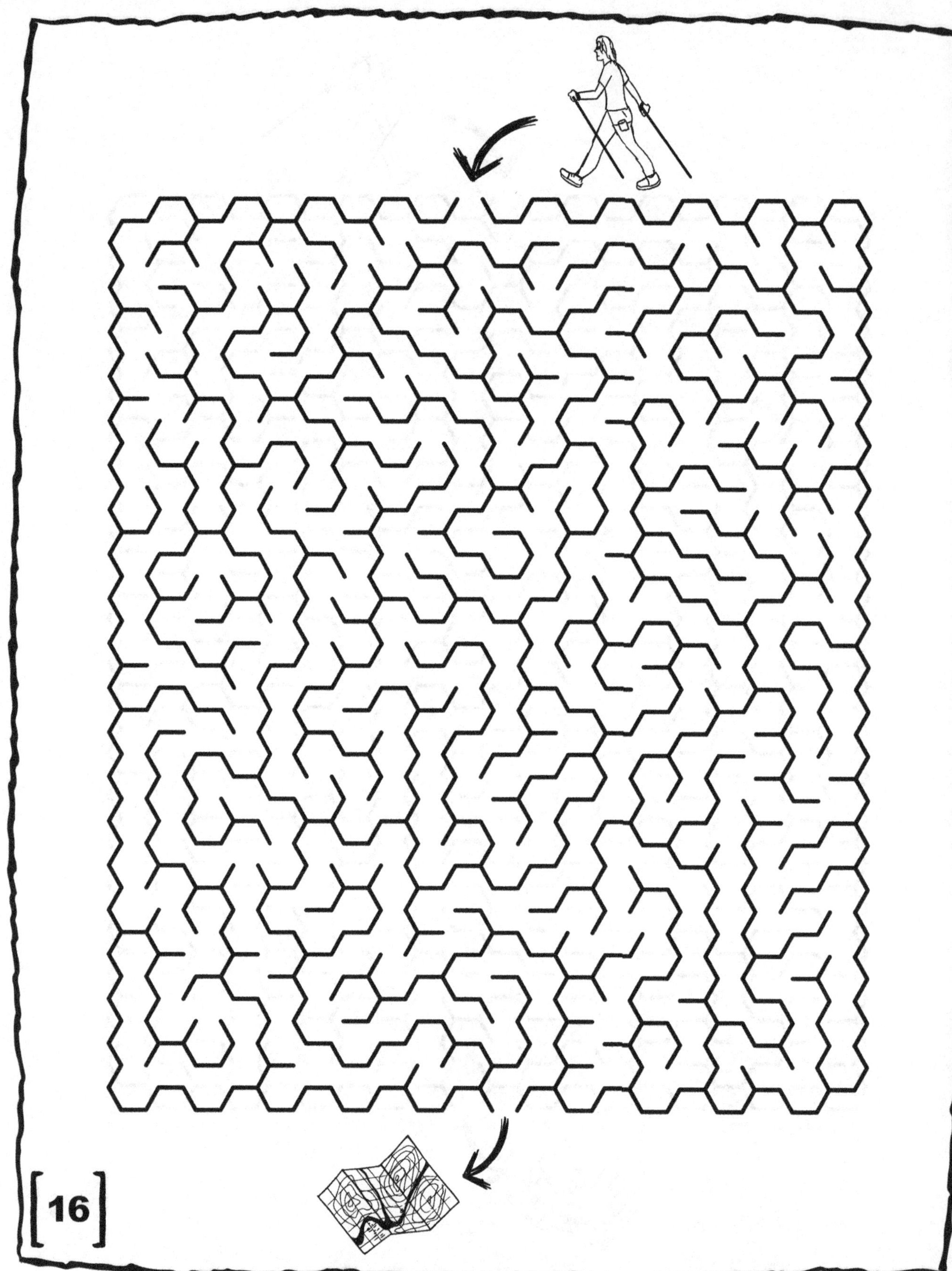

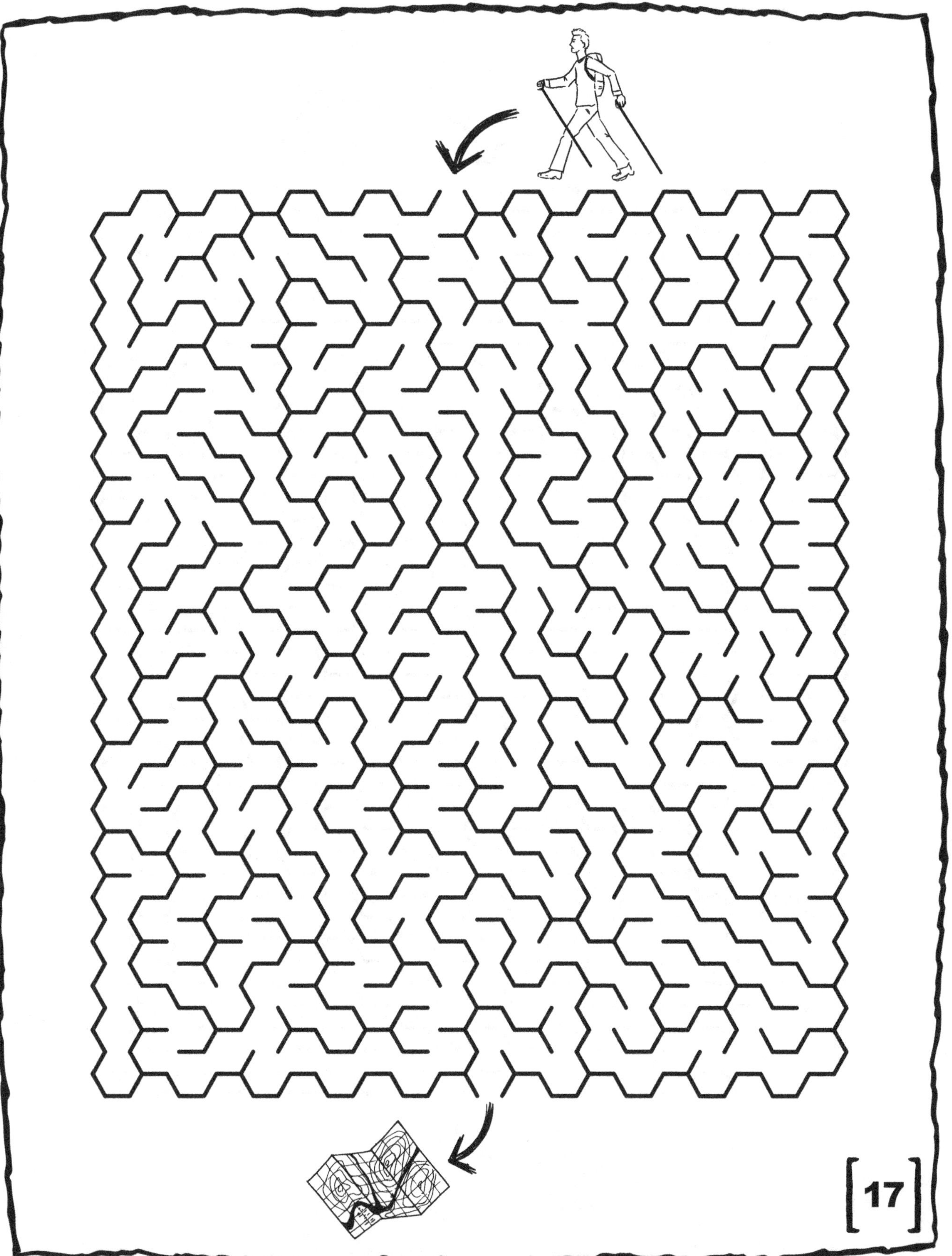

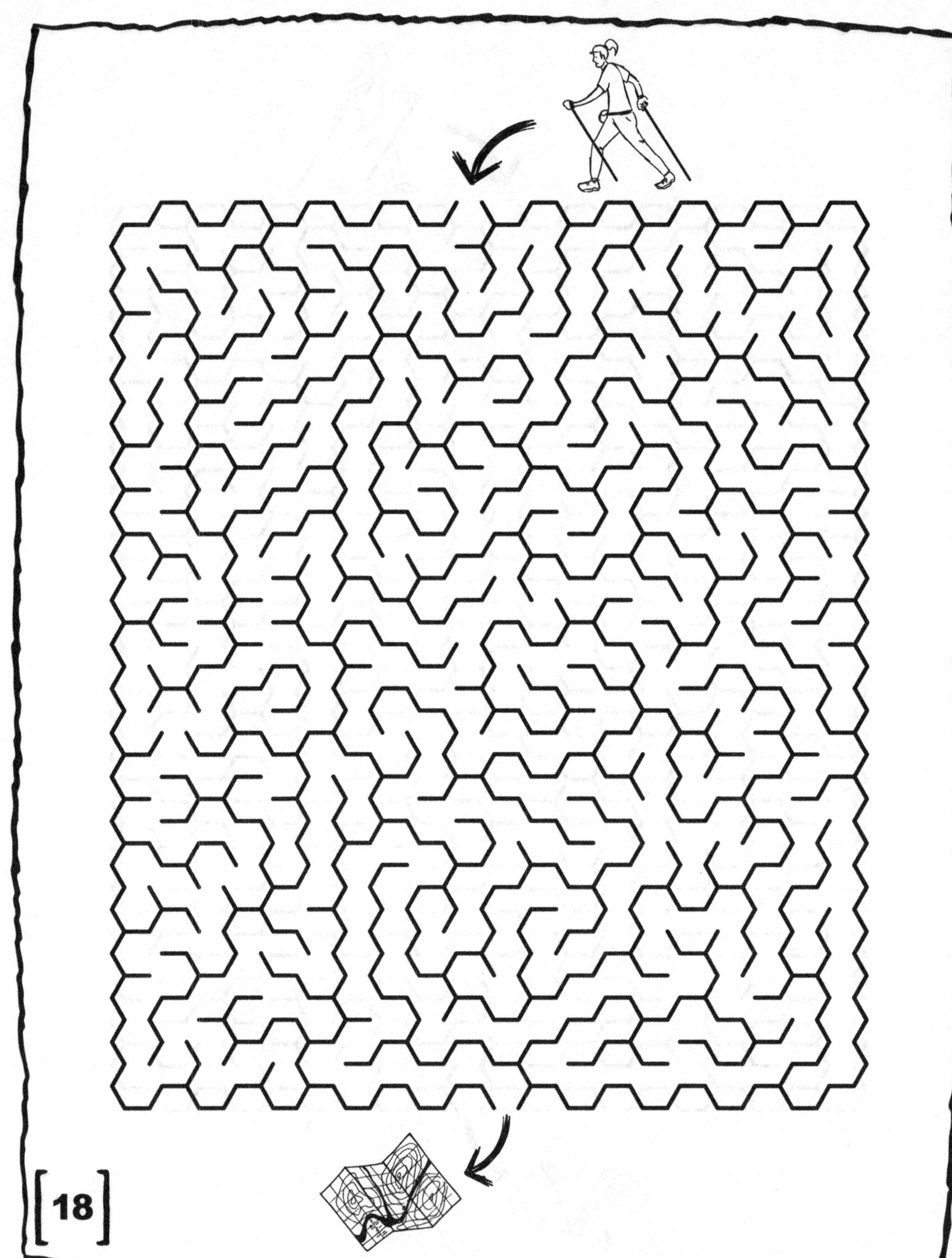

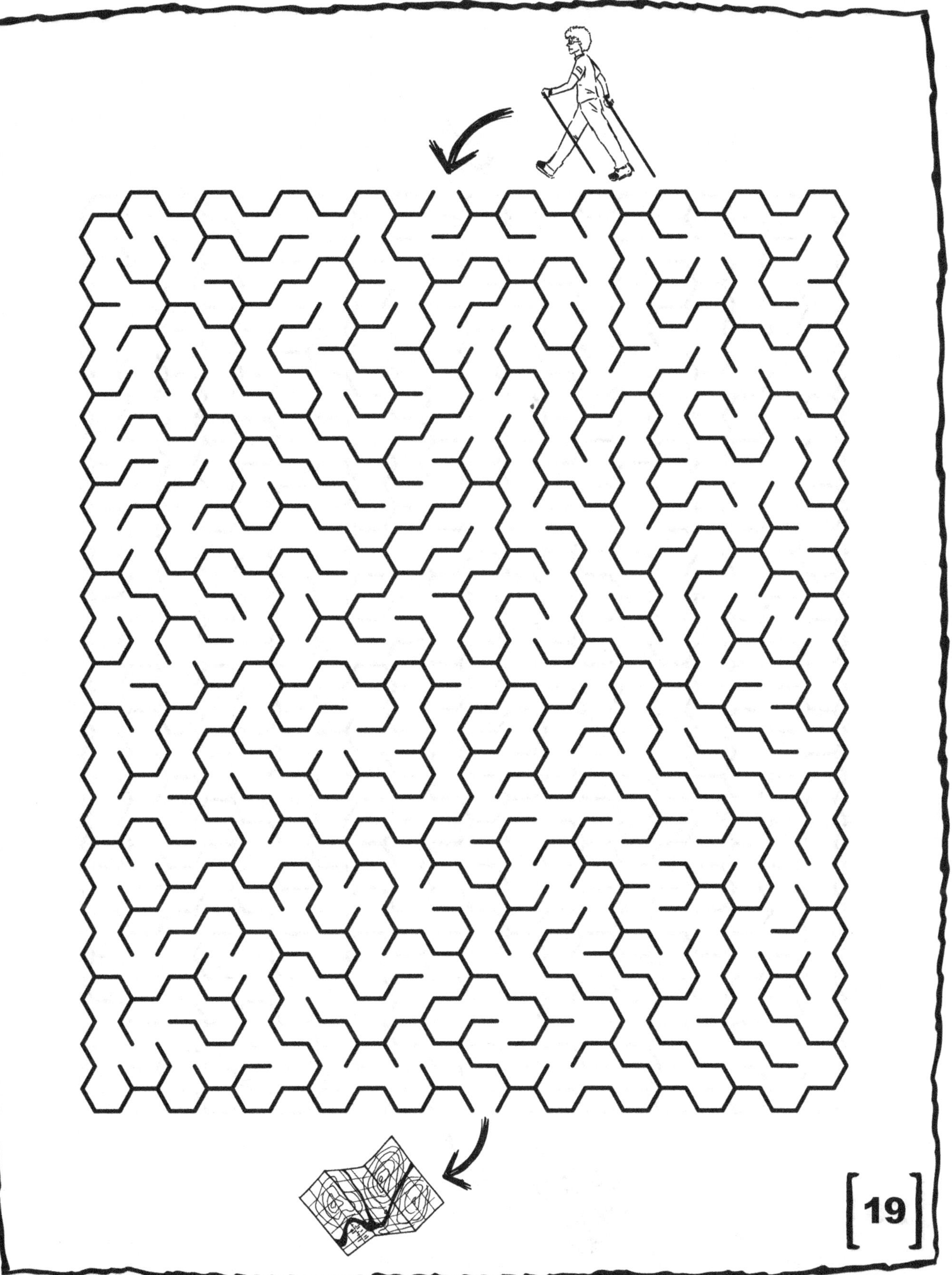

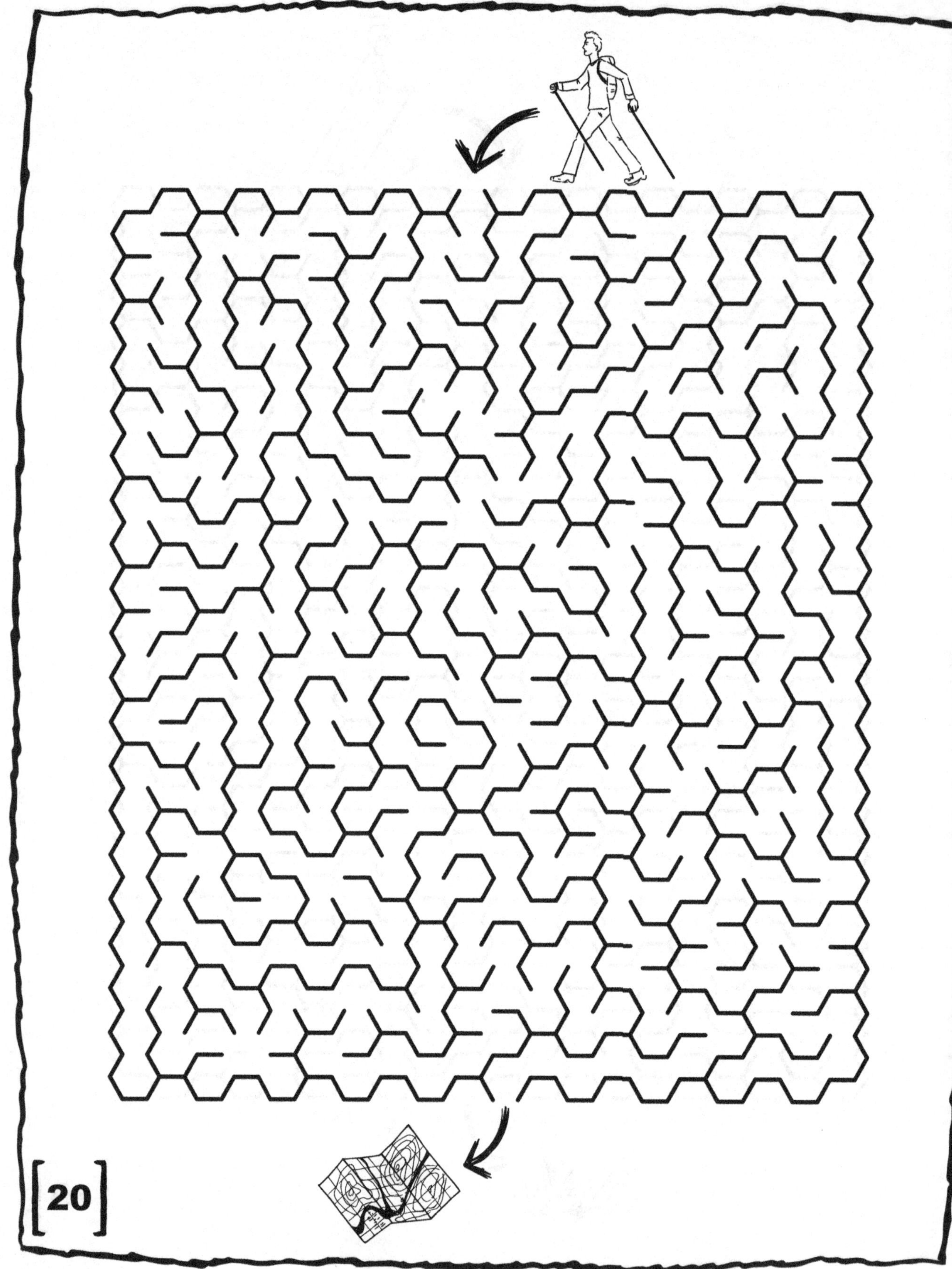

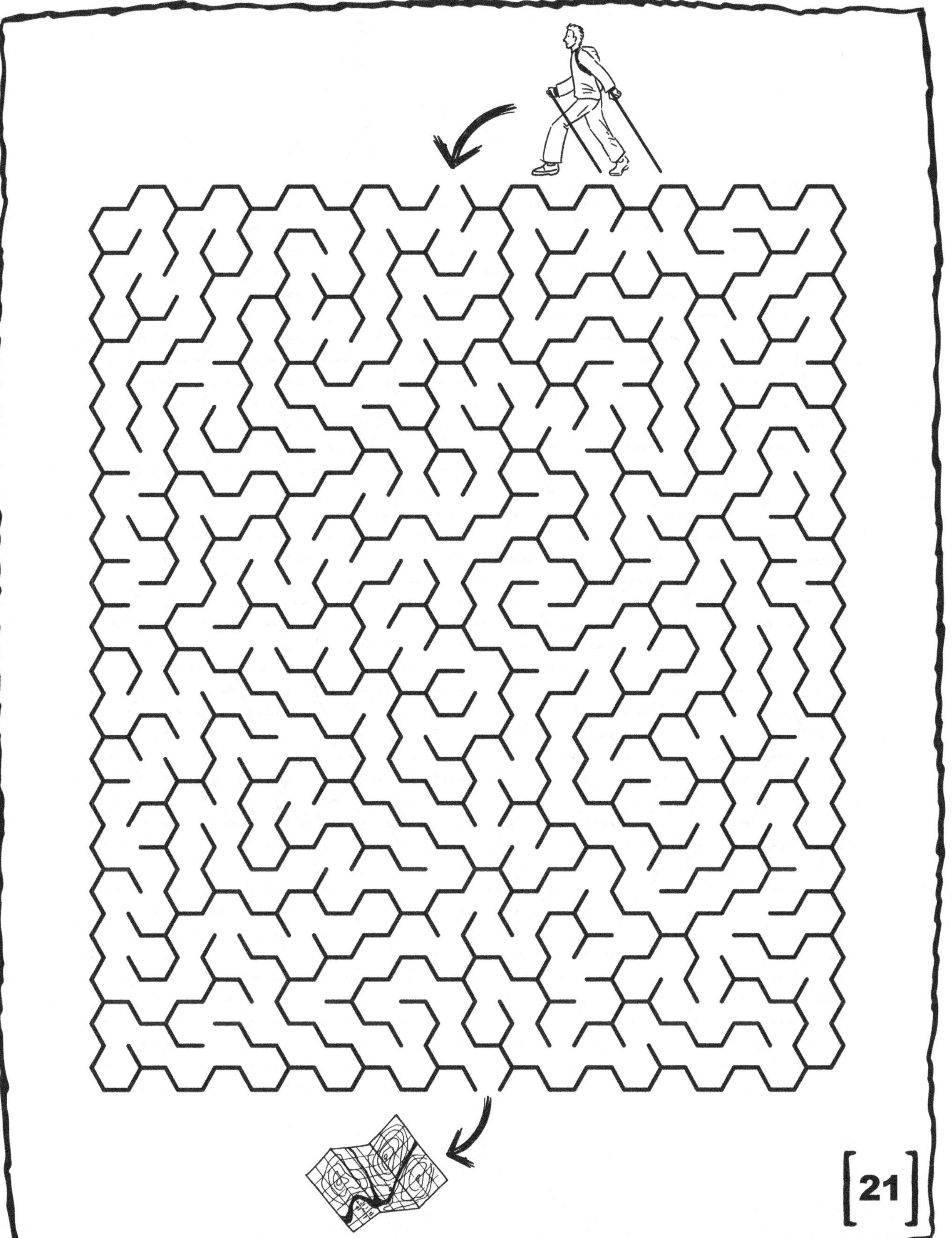

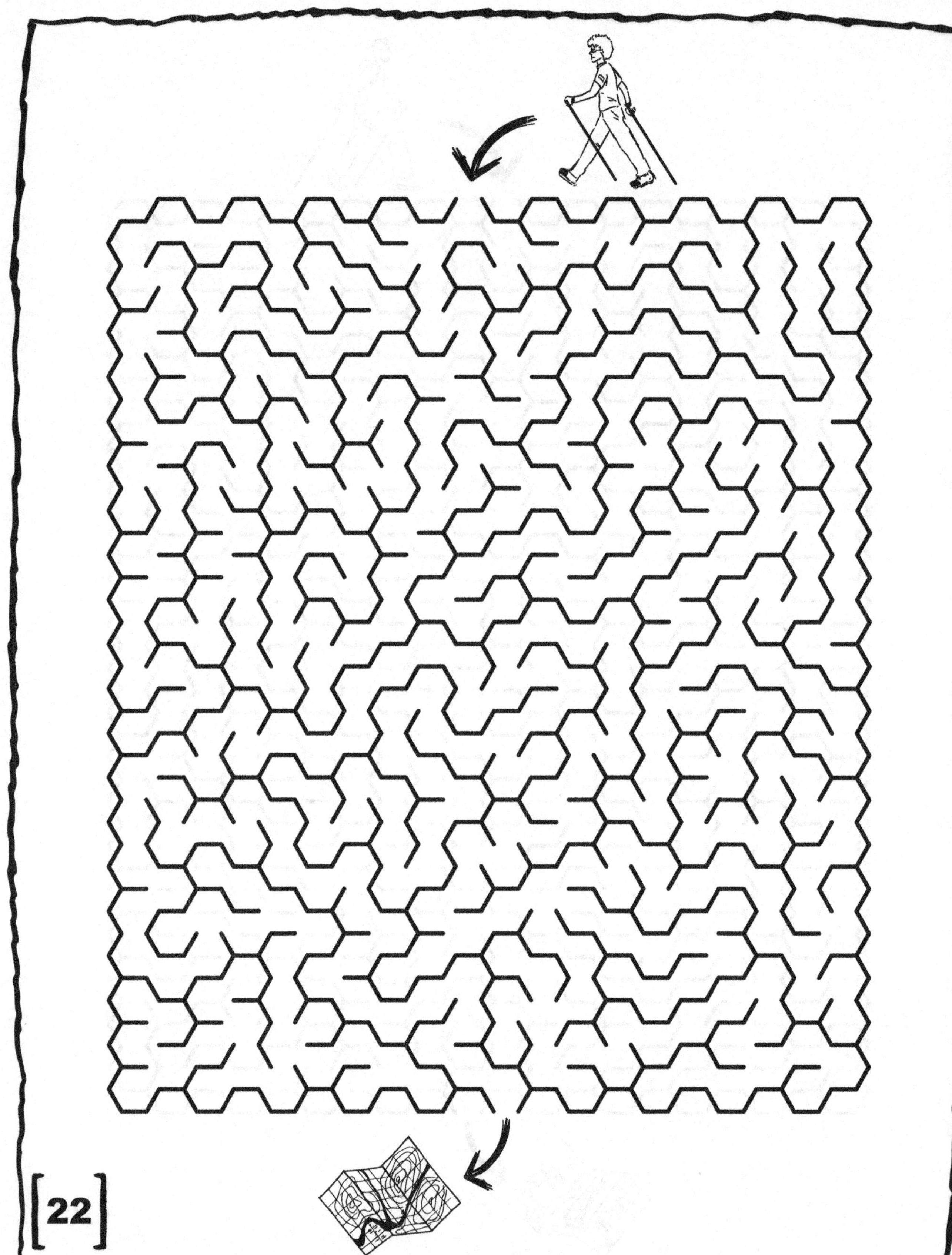

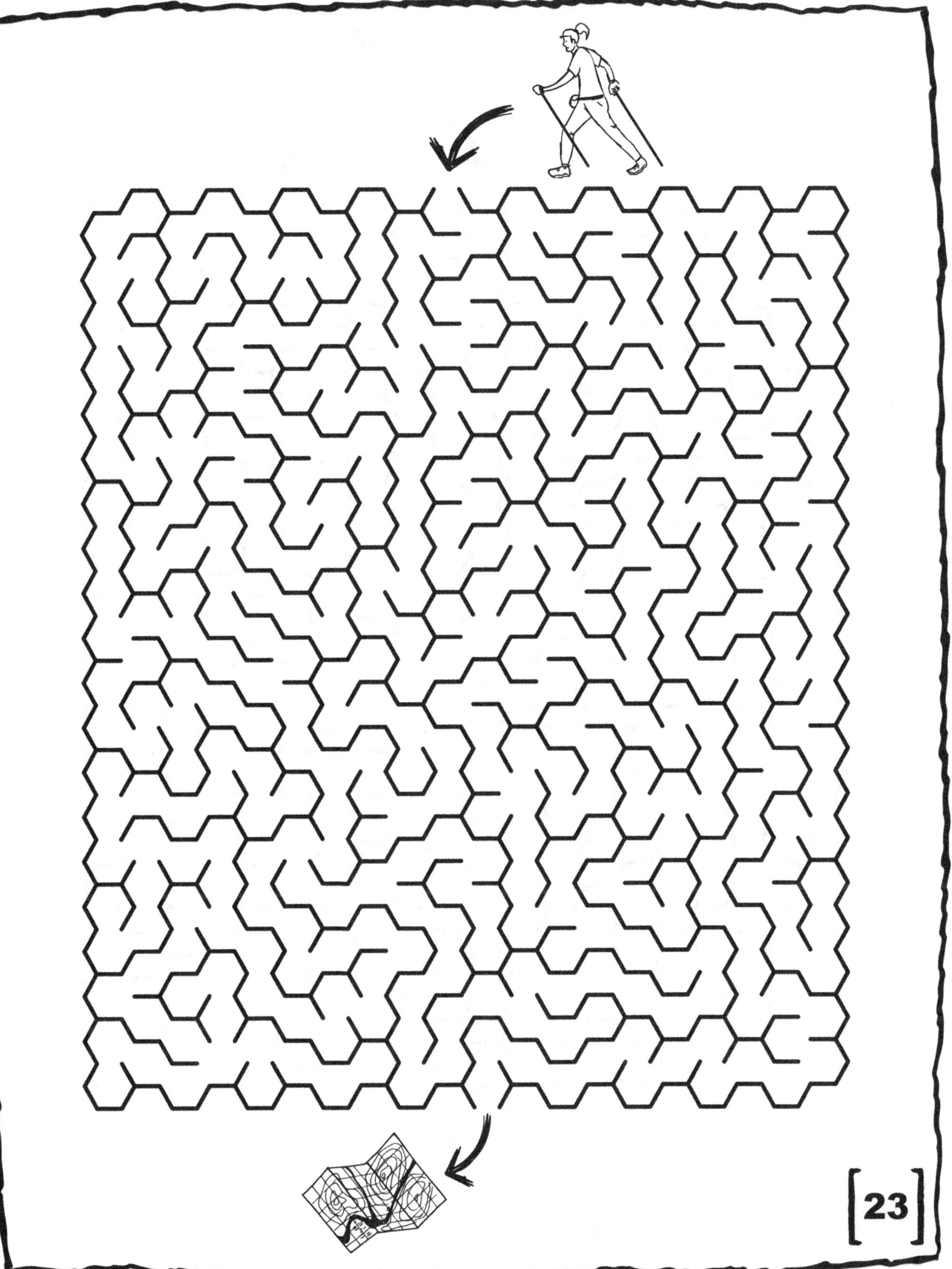

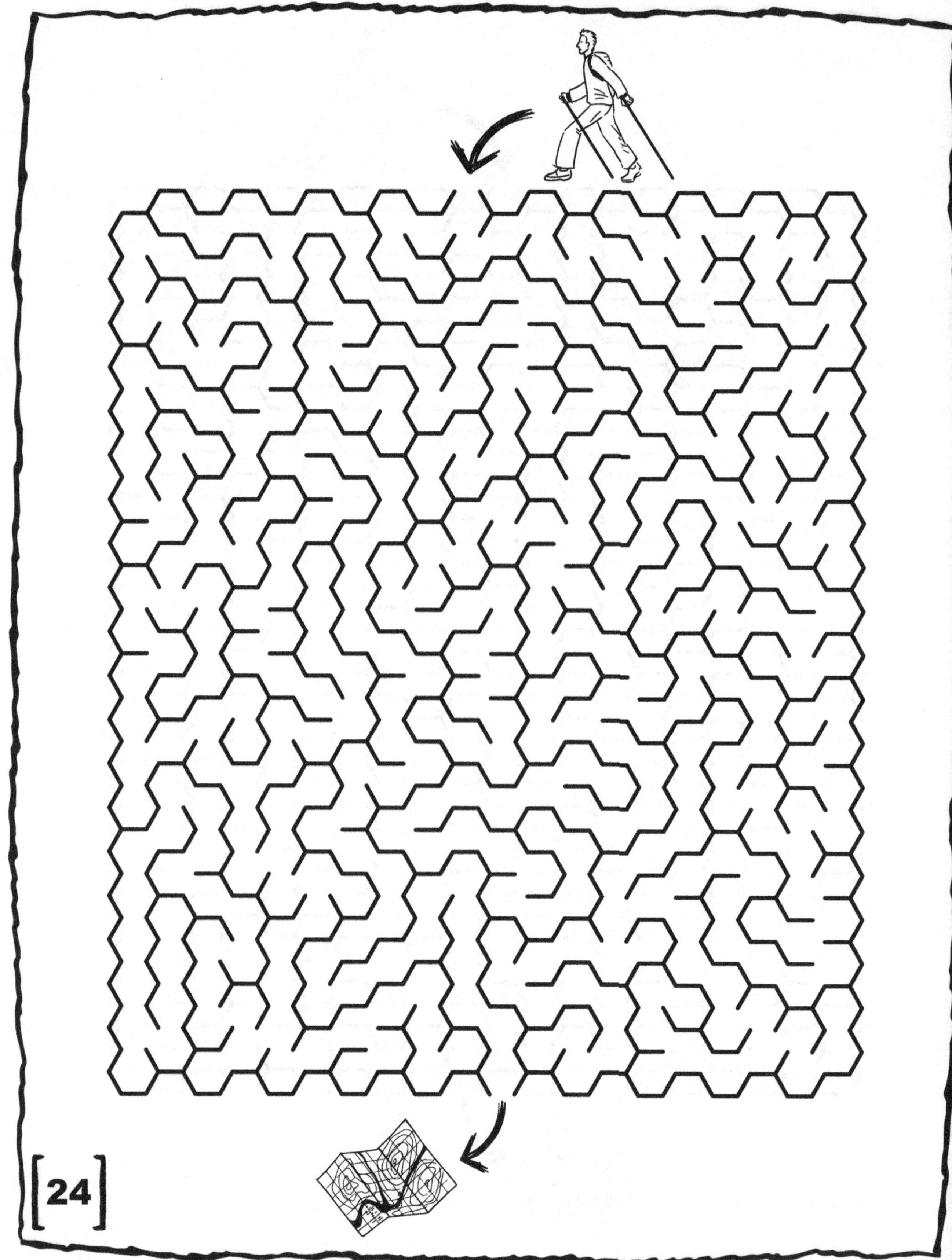

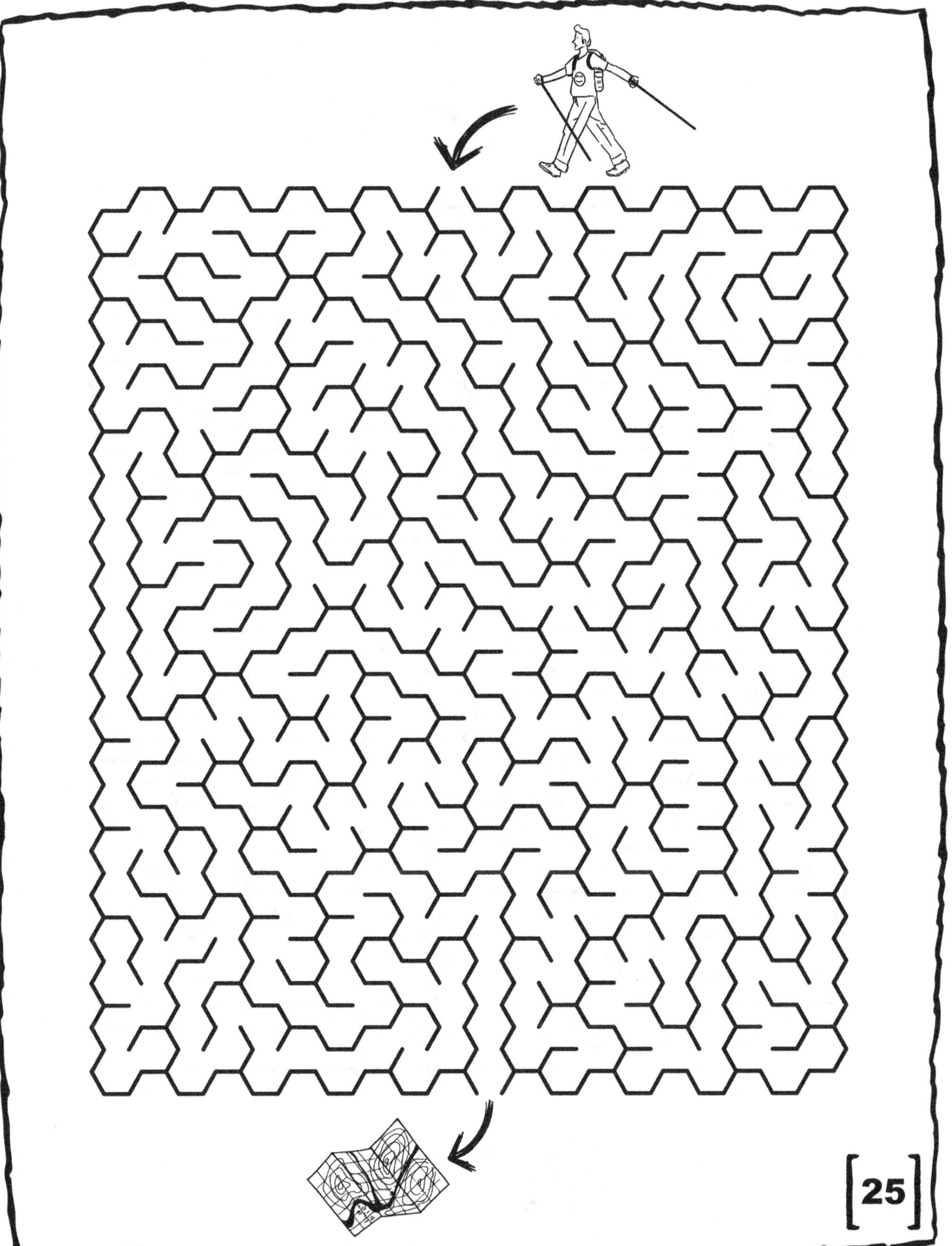

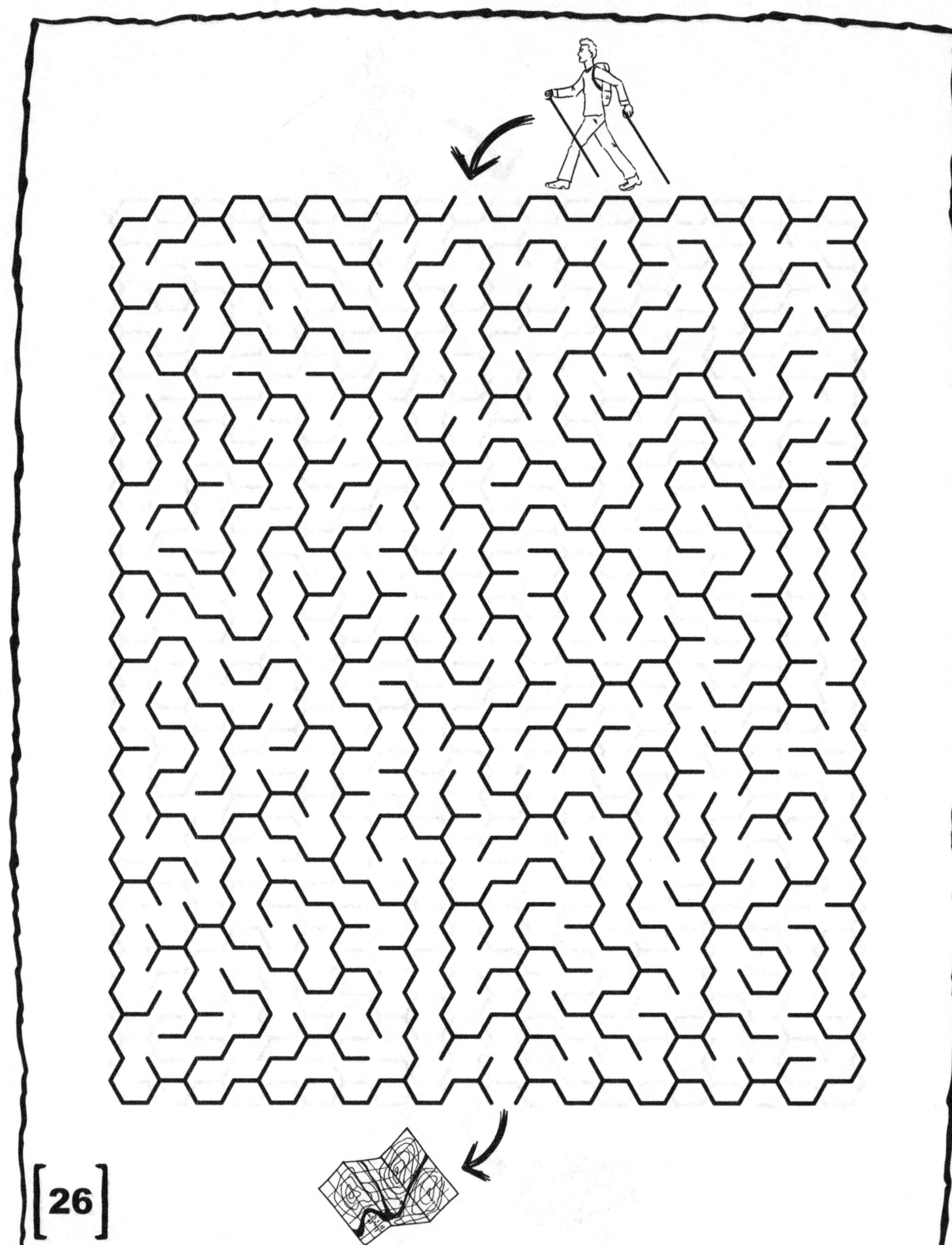

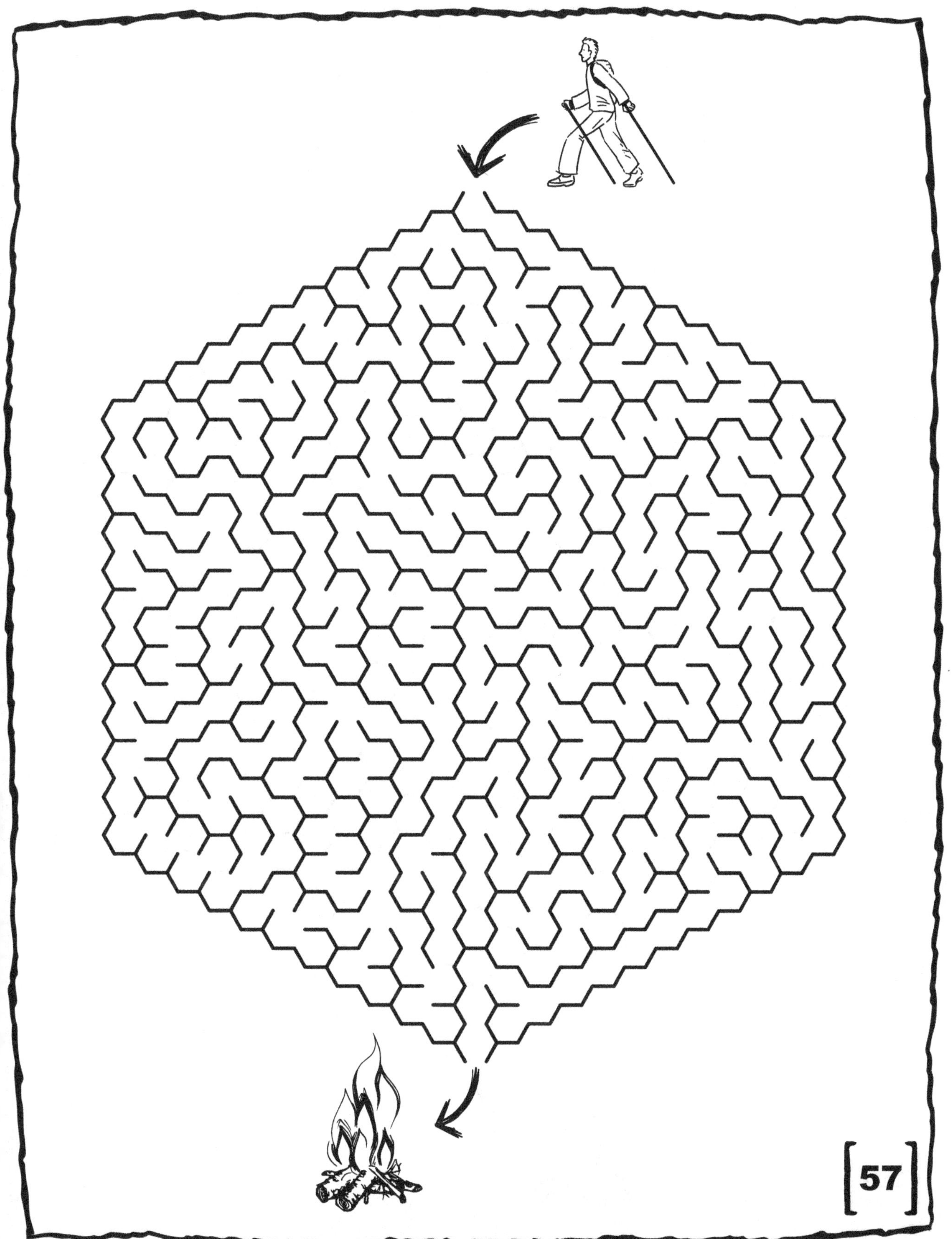

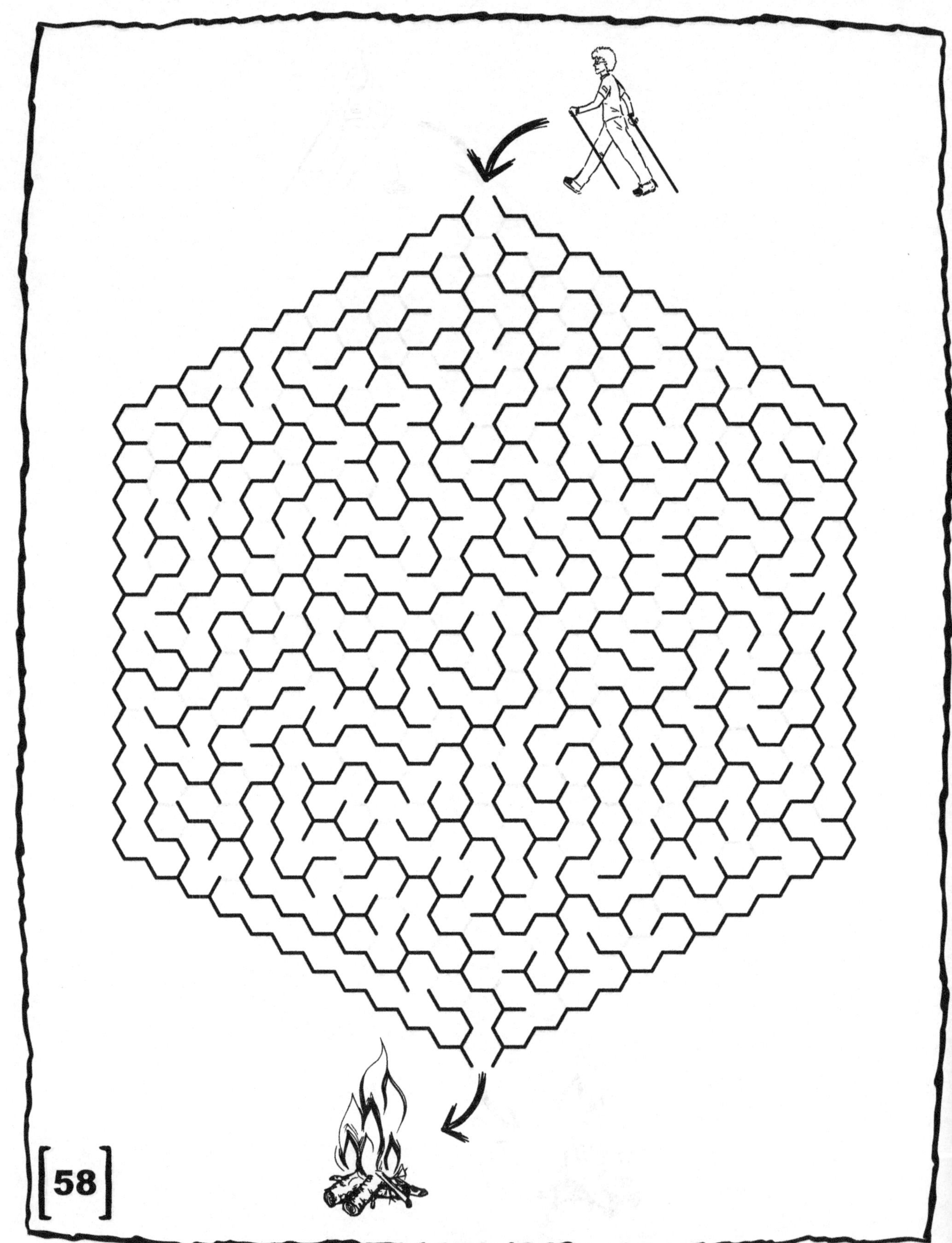

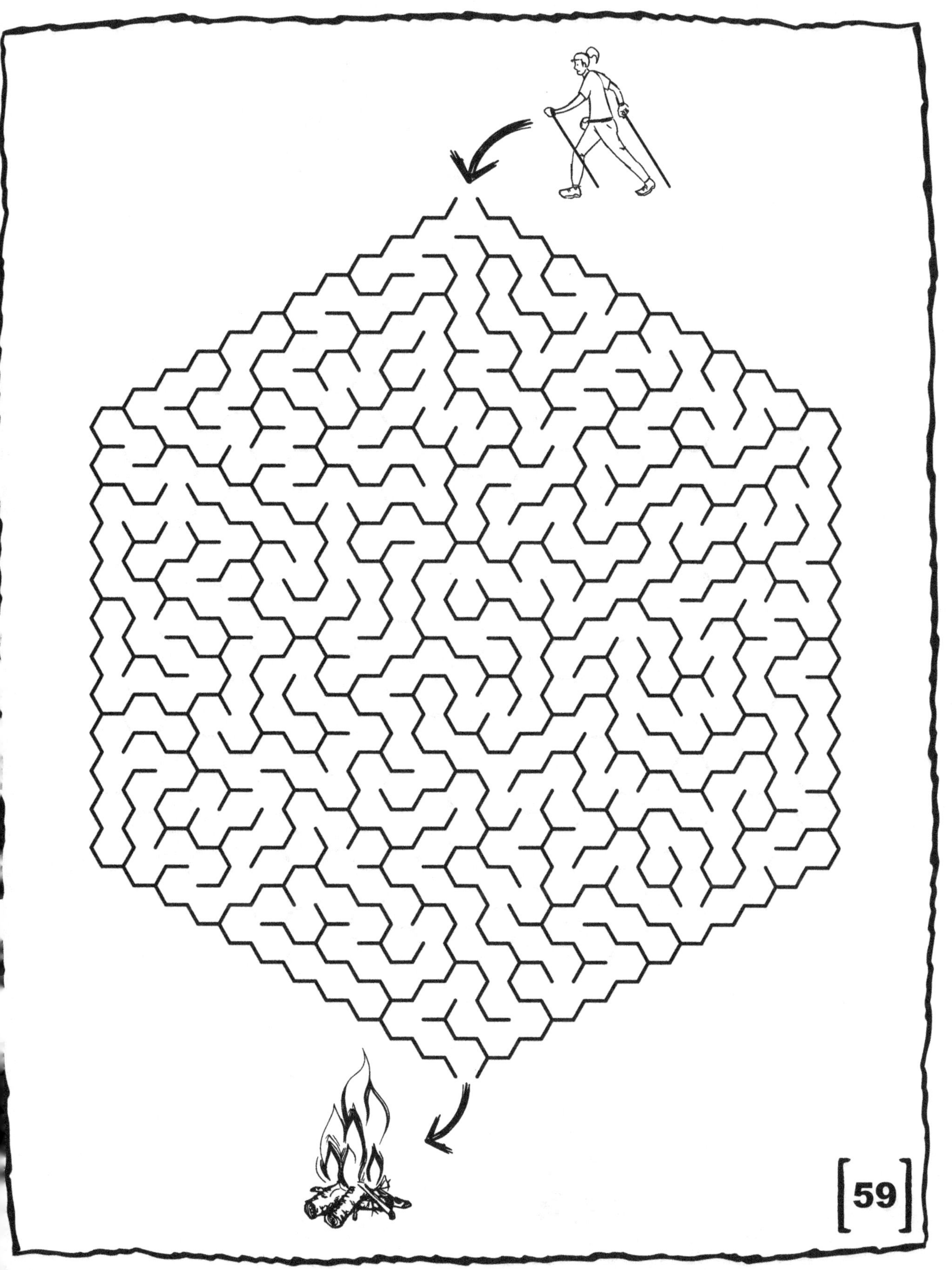

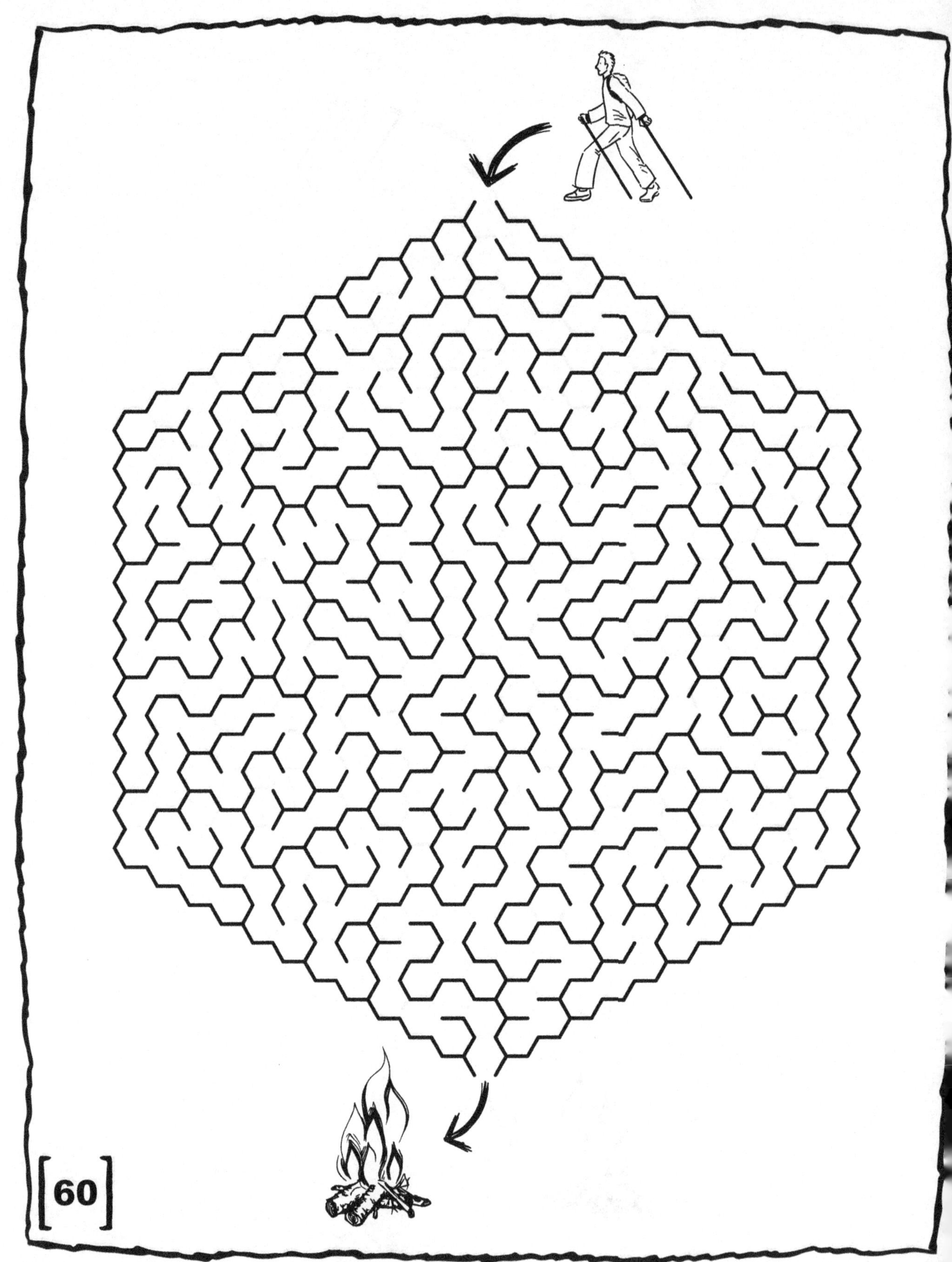

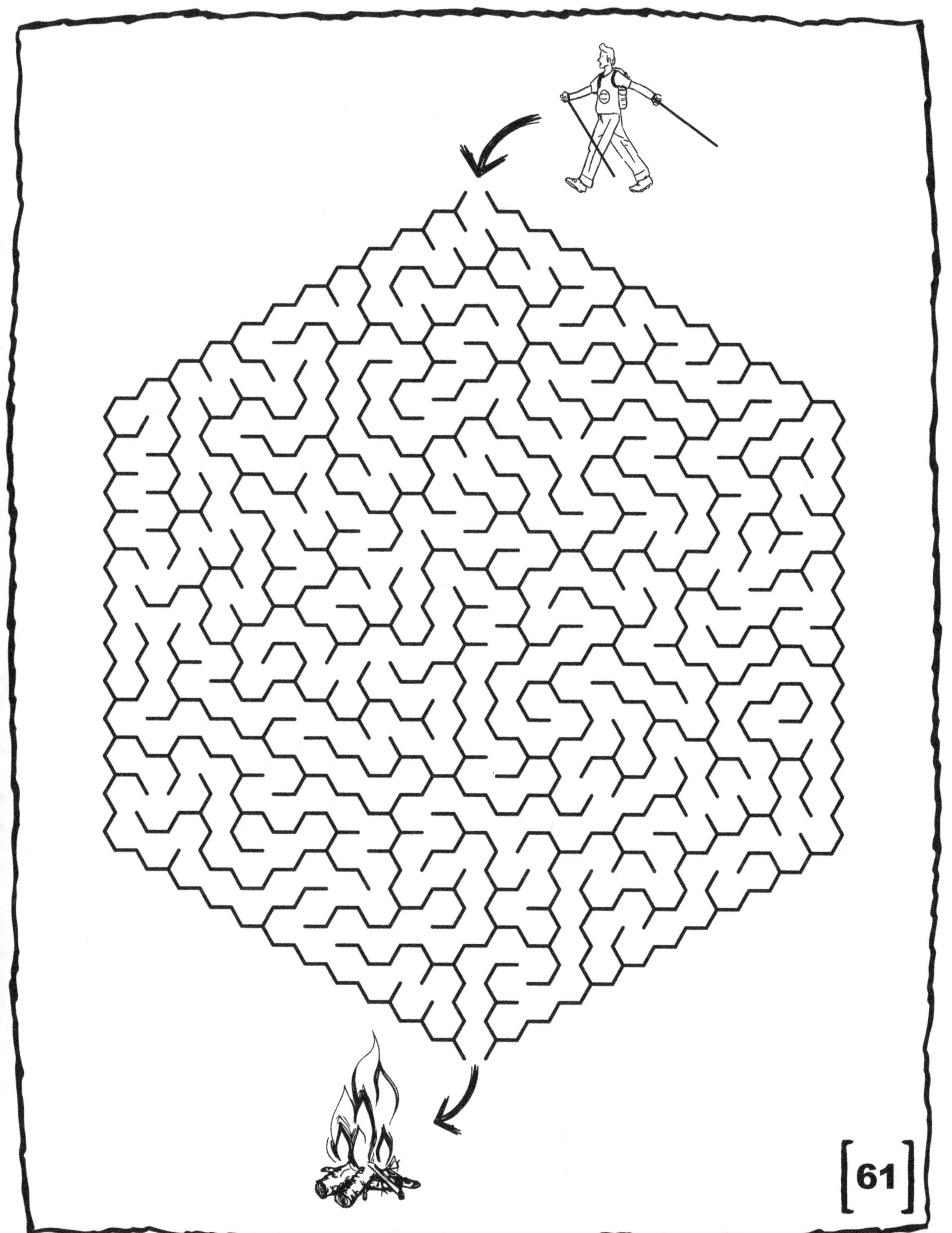

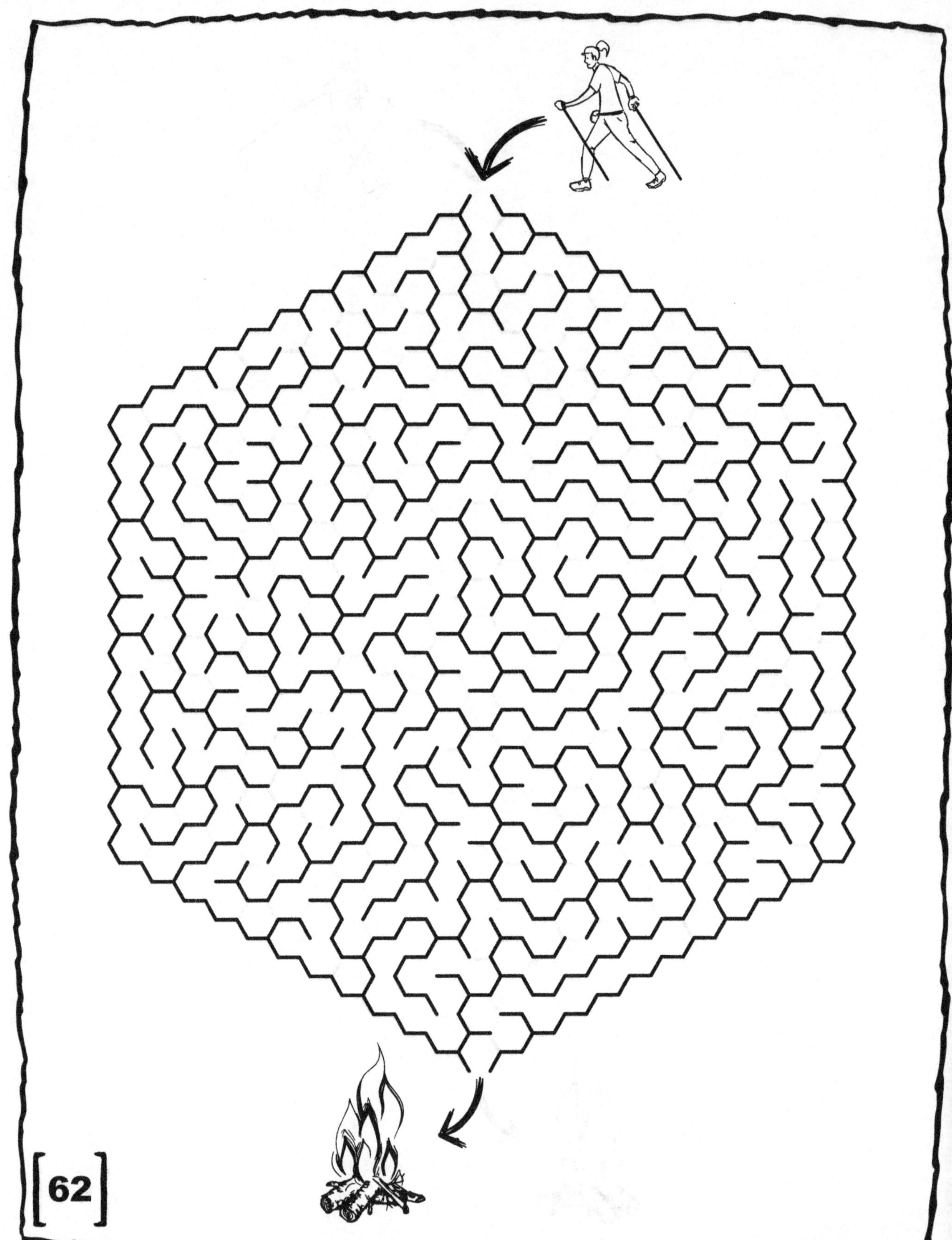

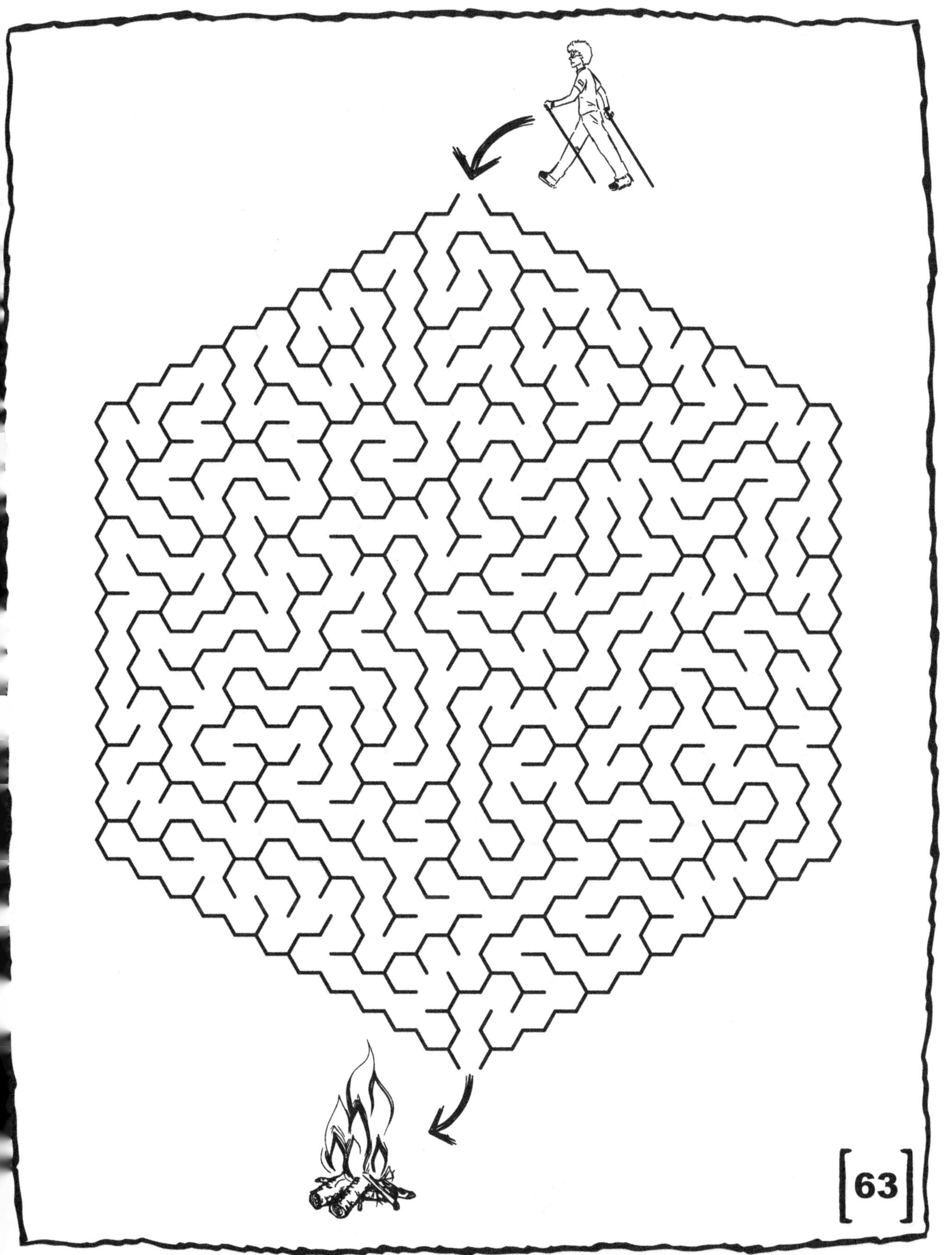

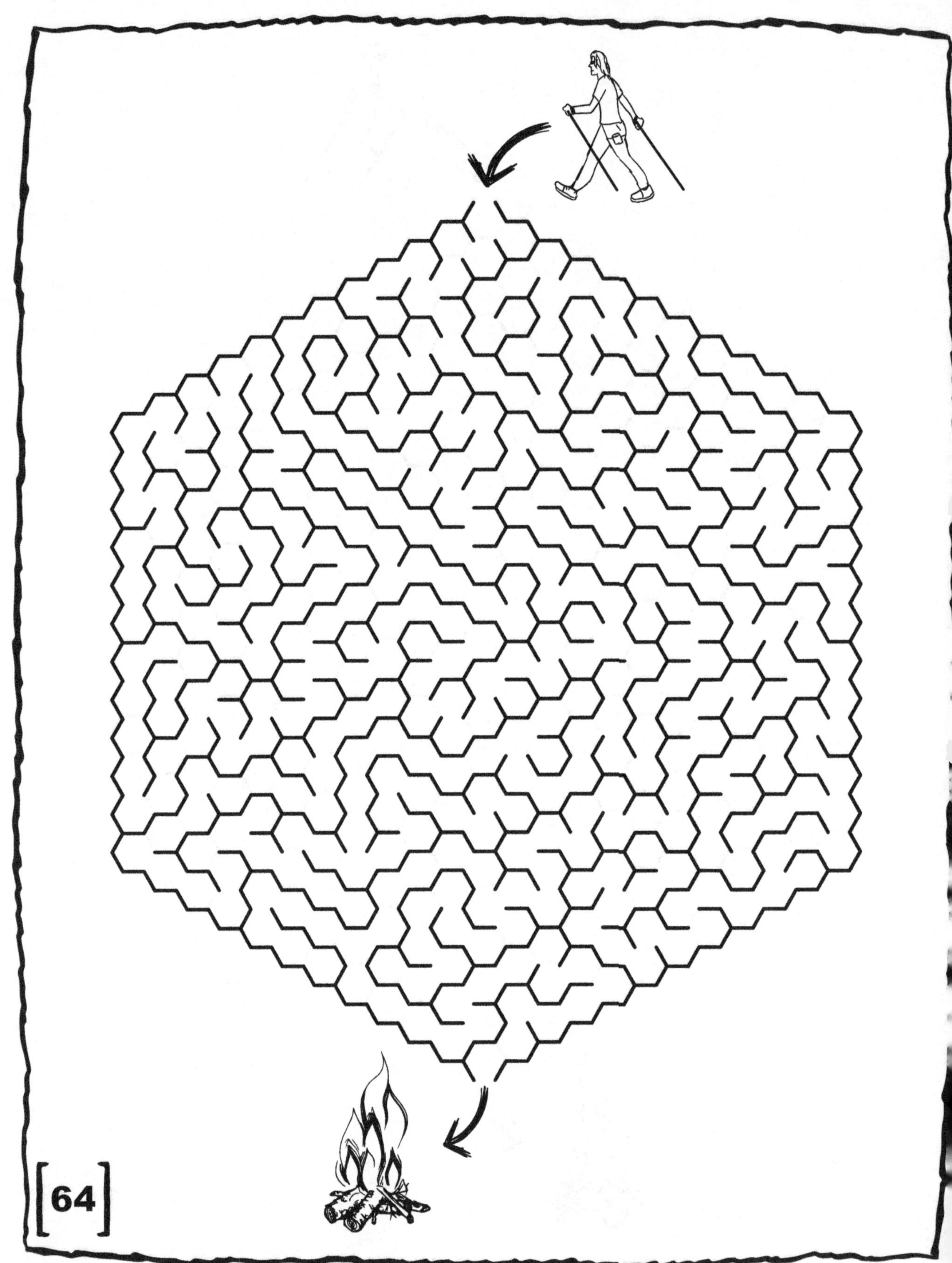

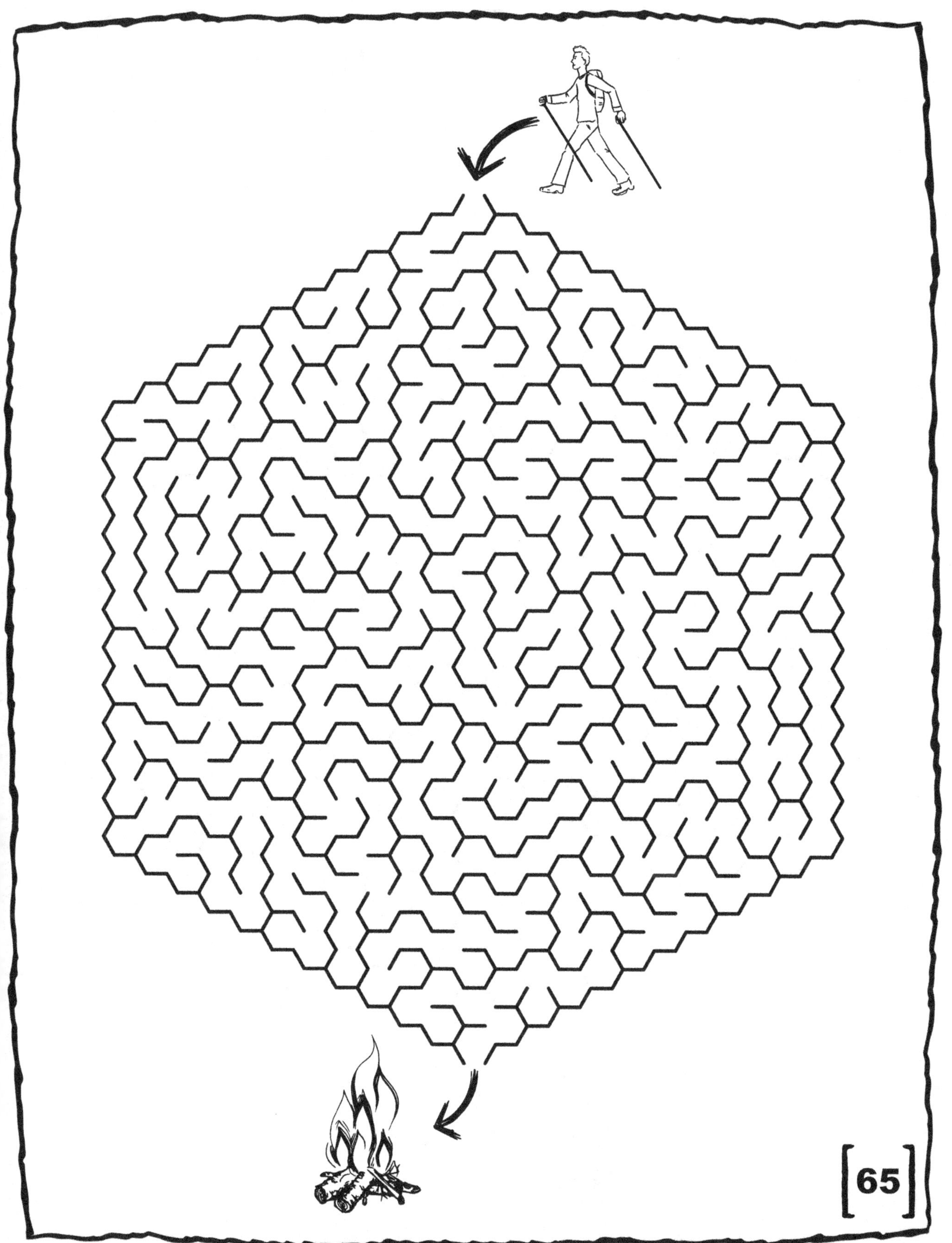

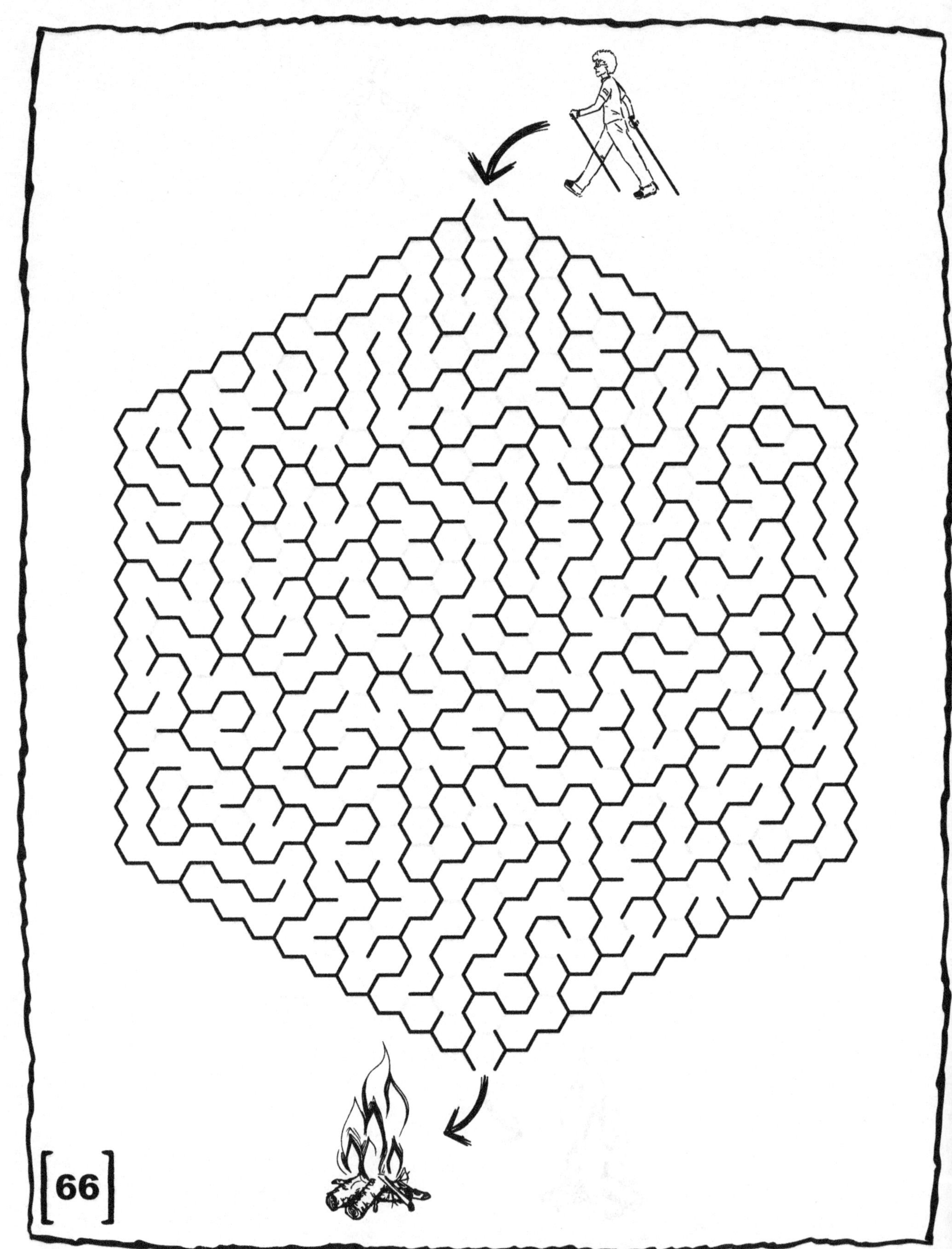

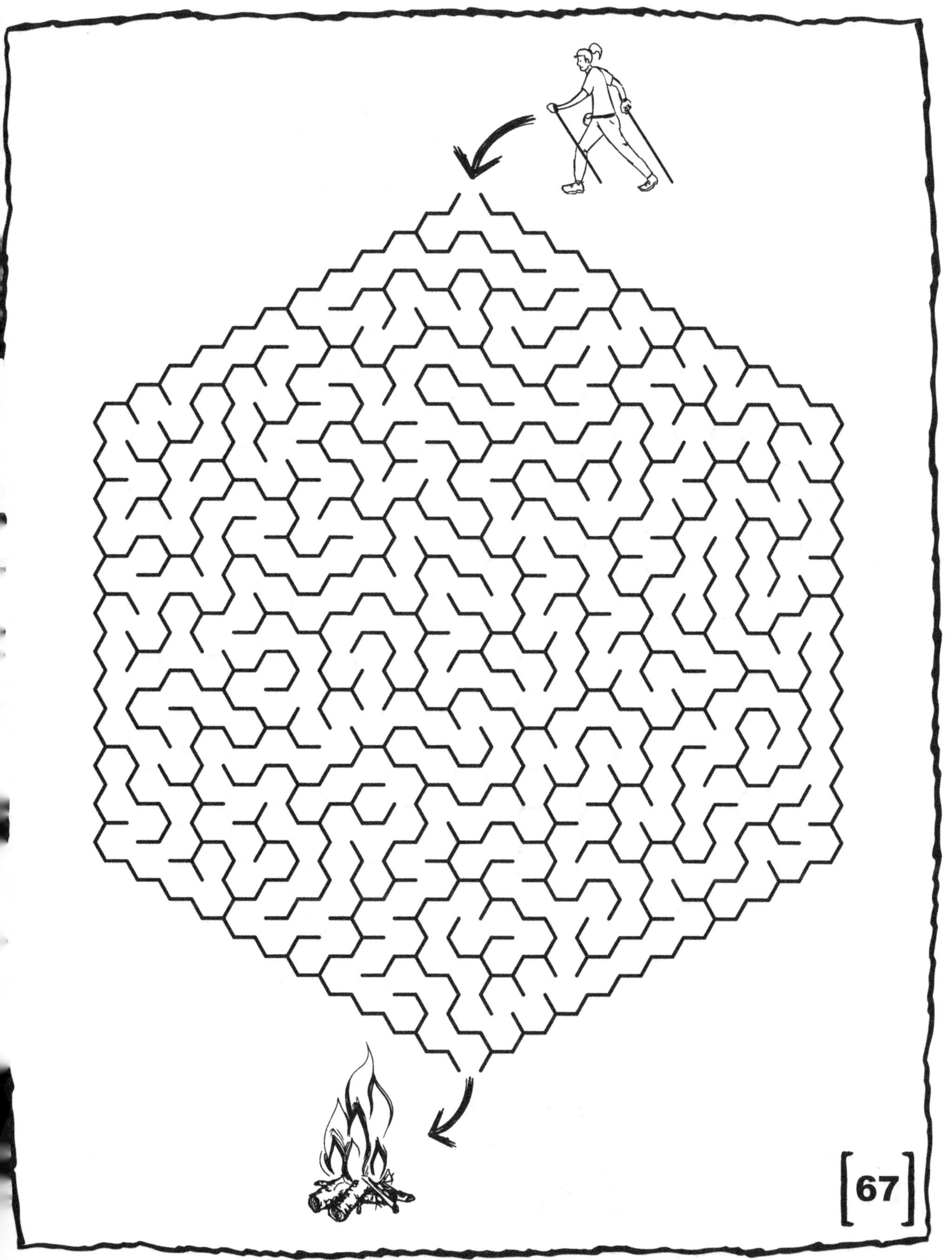

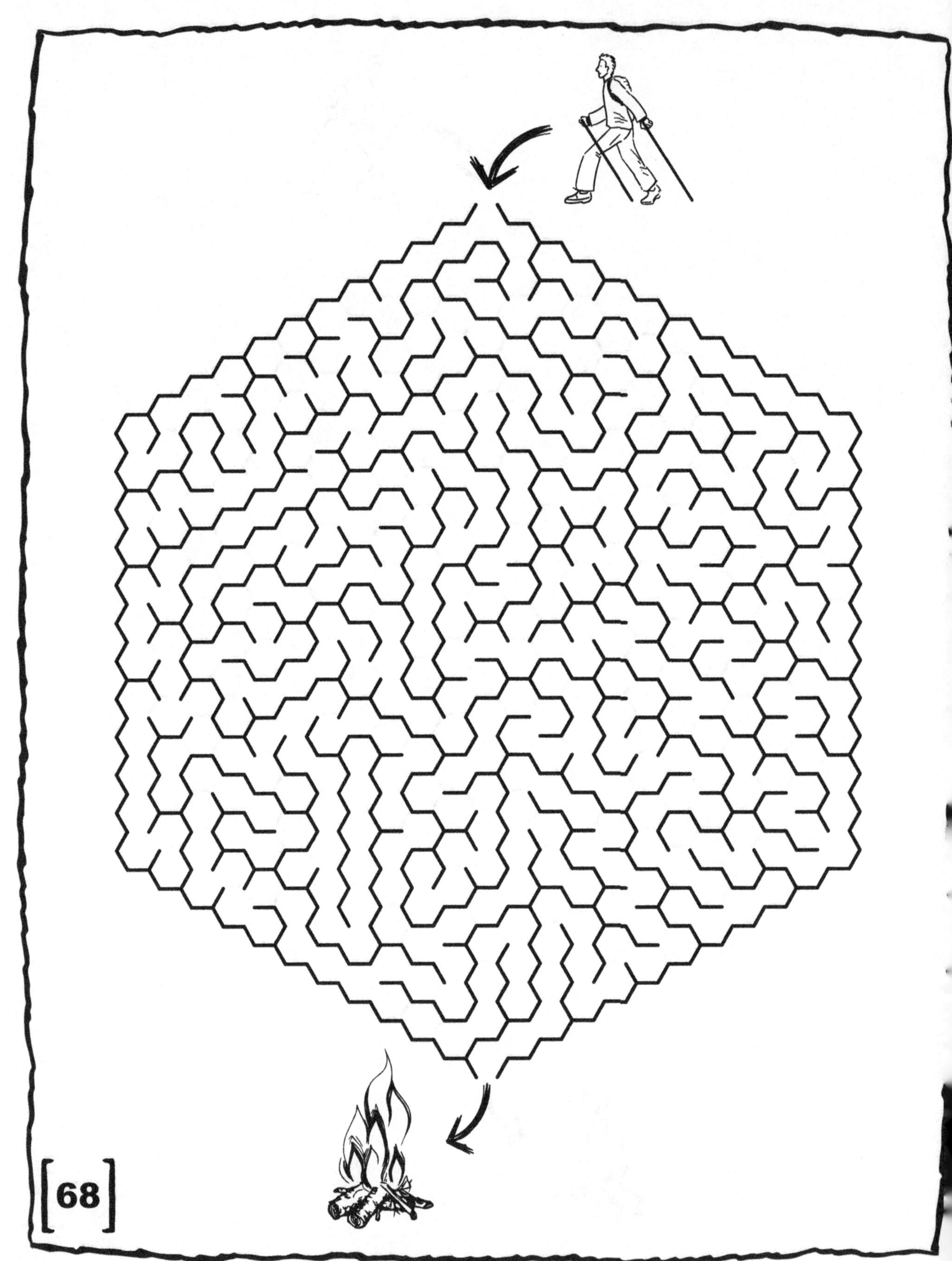

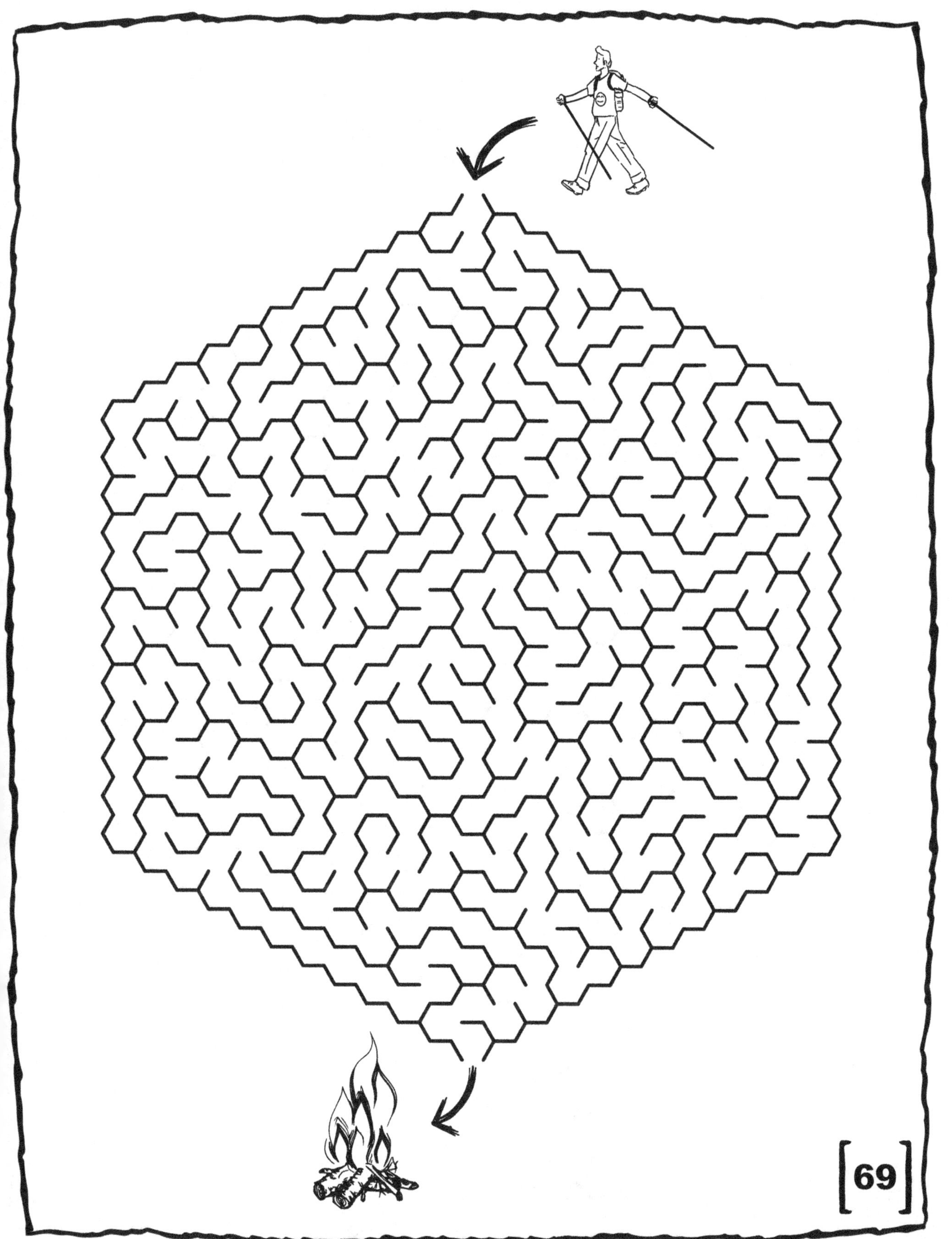

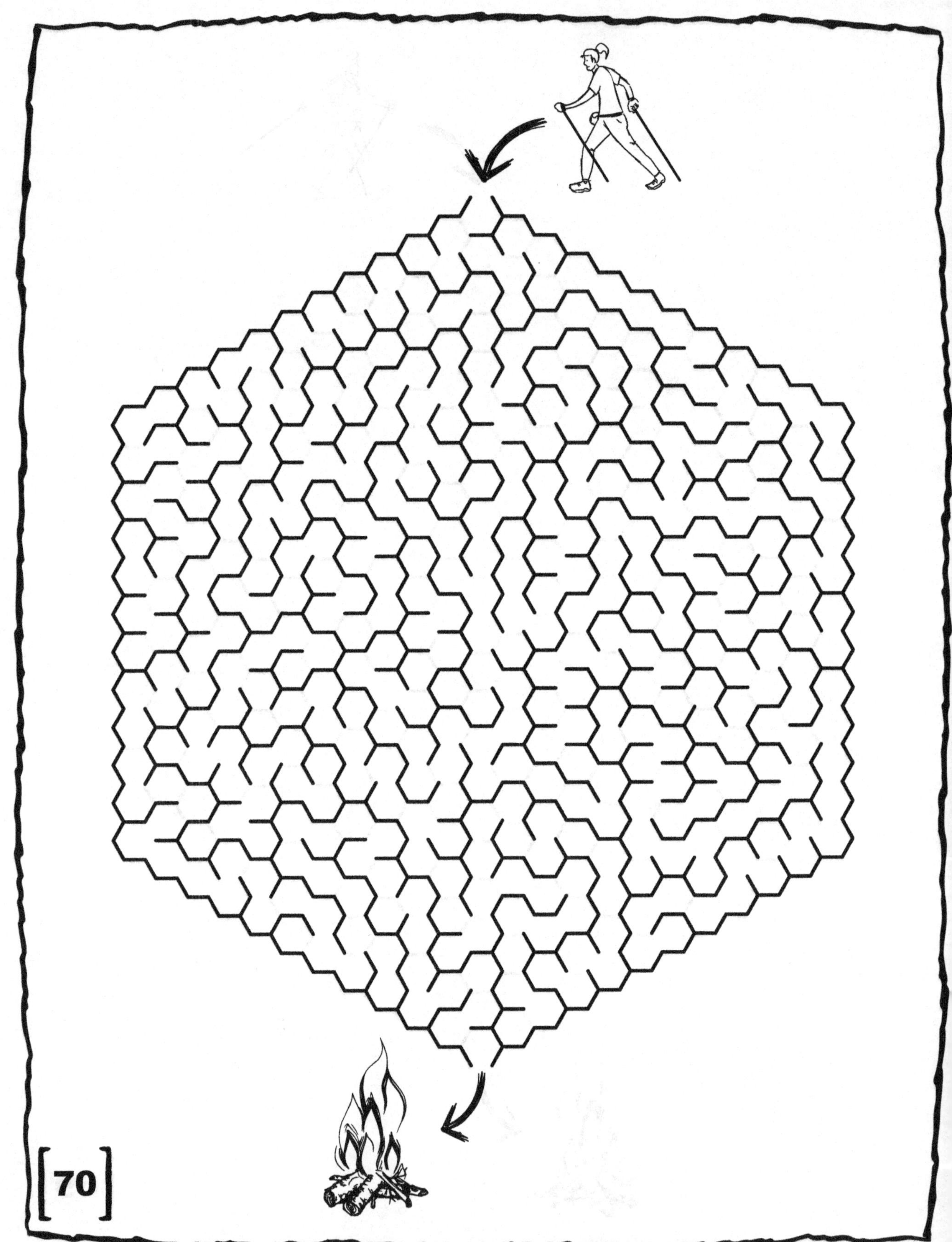

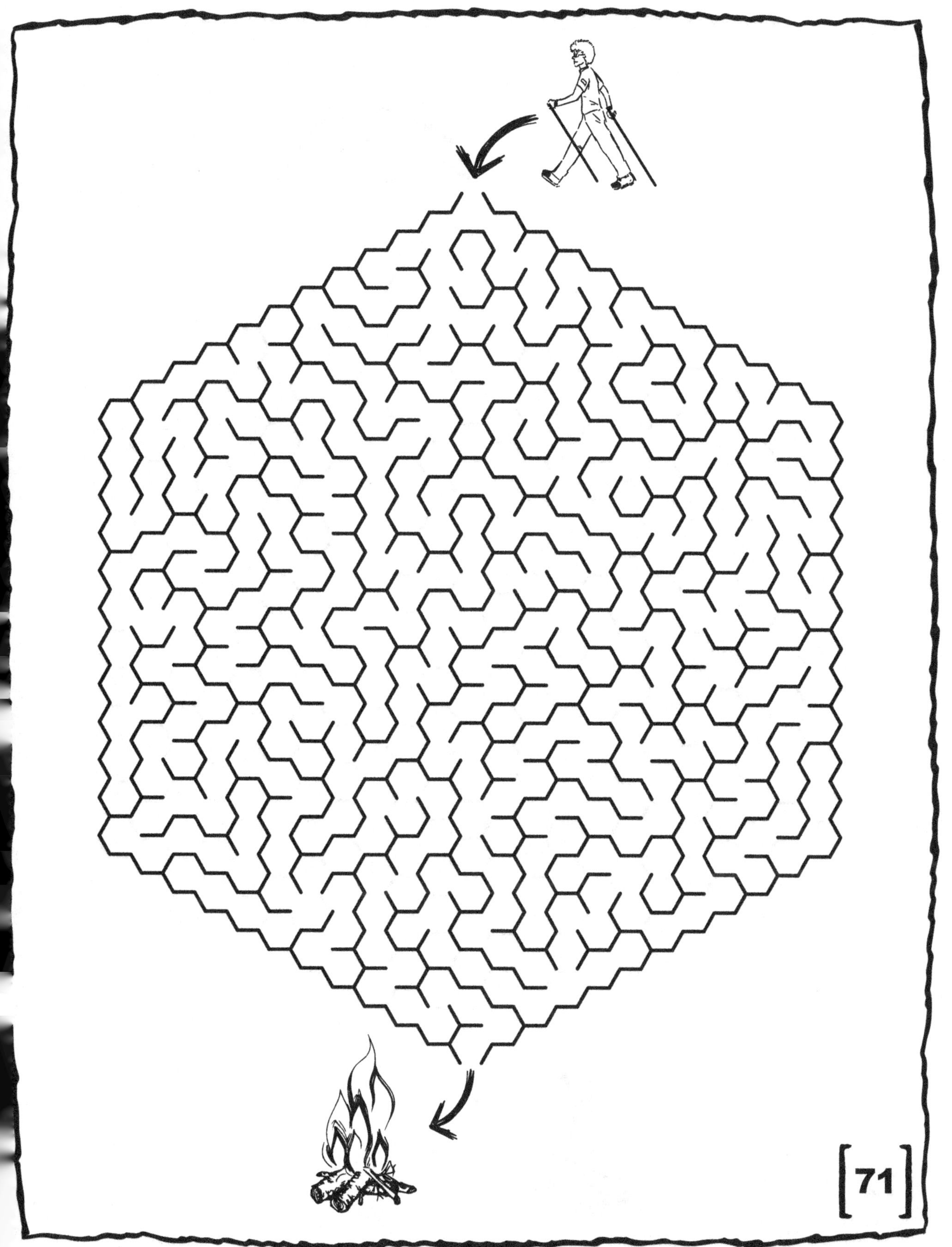

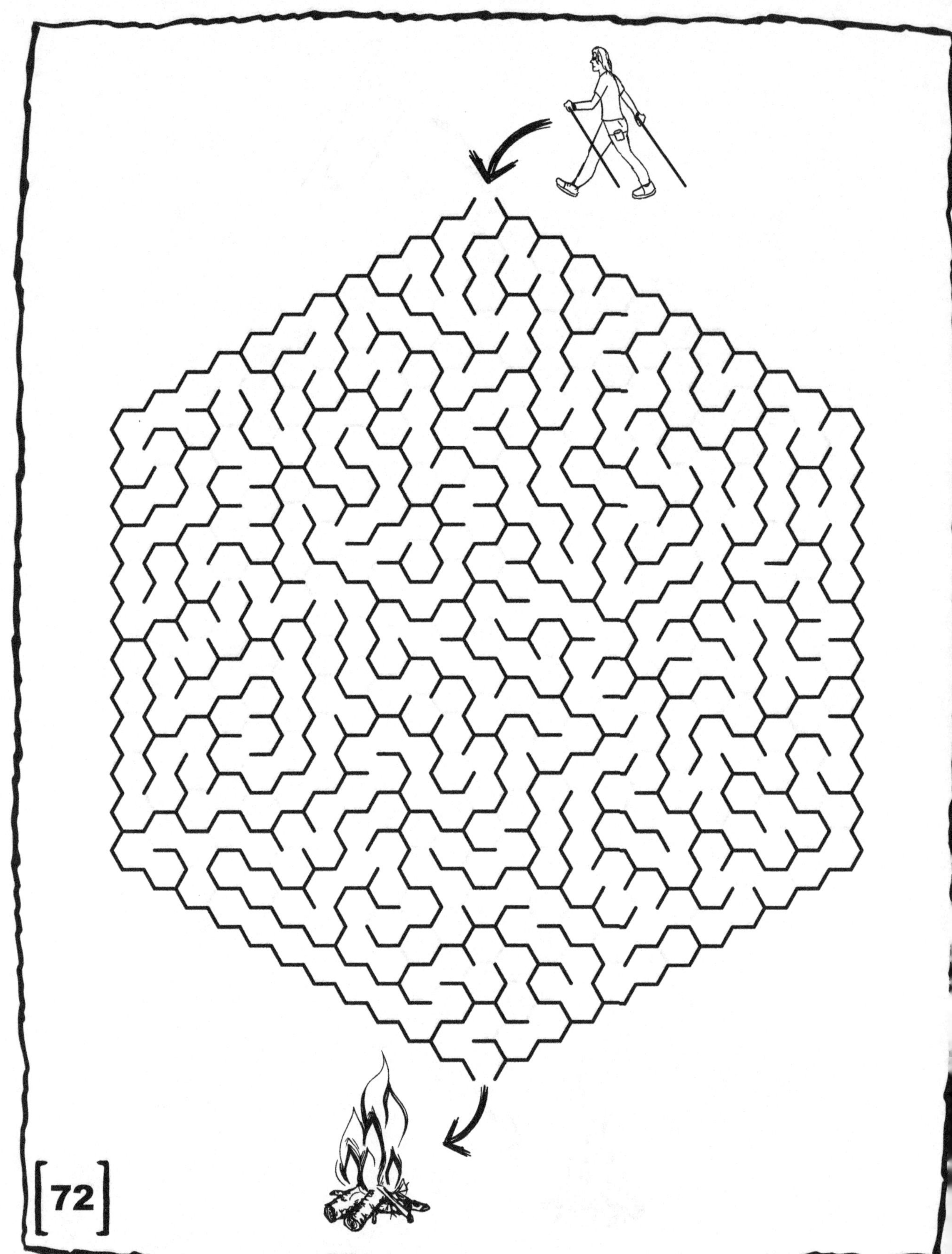

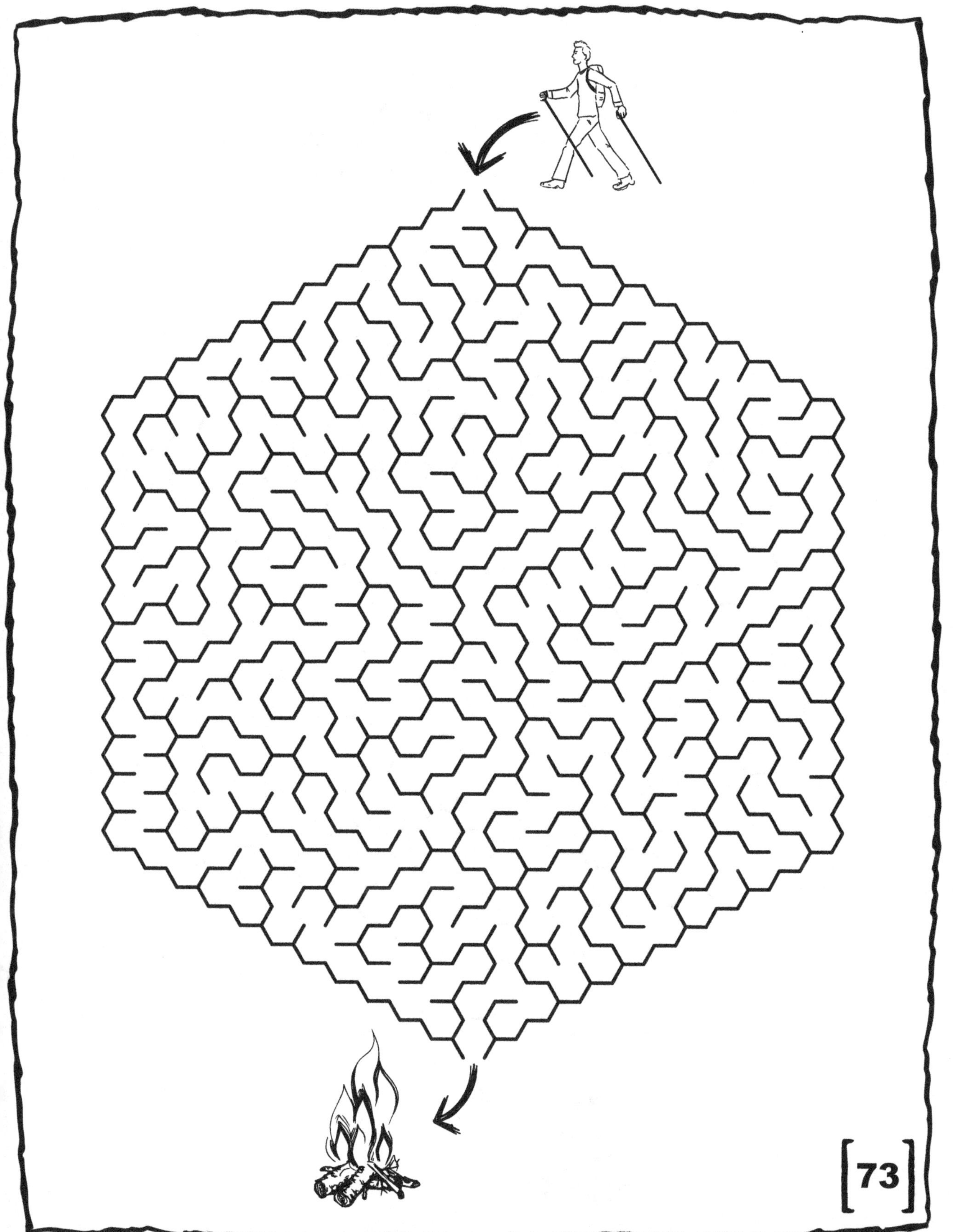

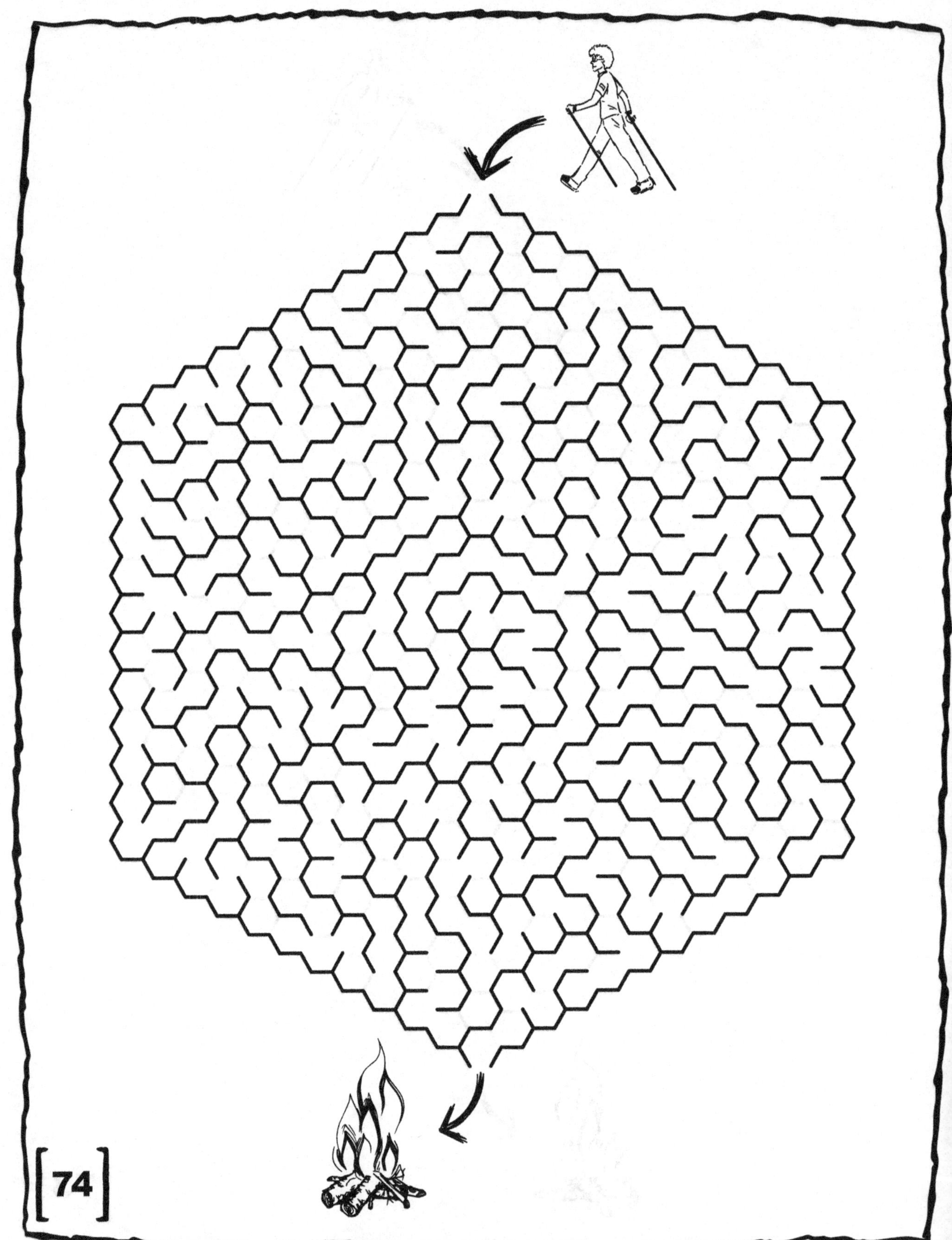

[74]

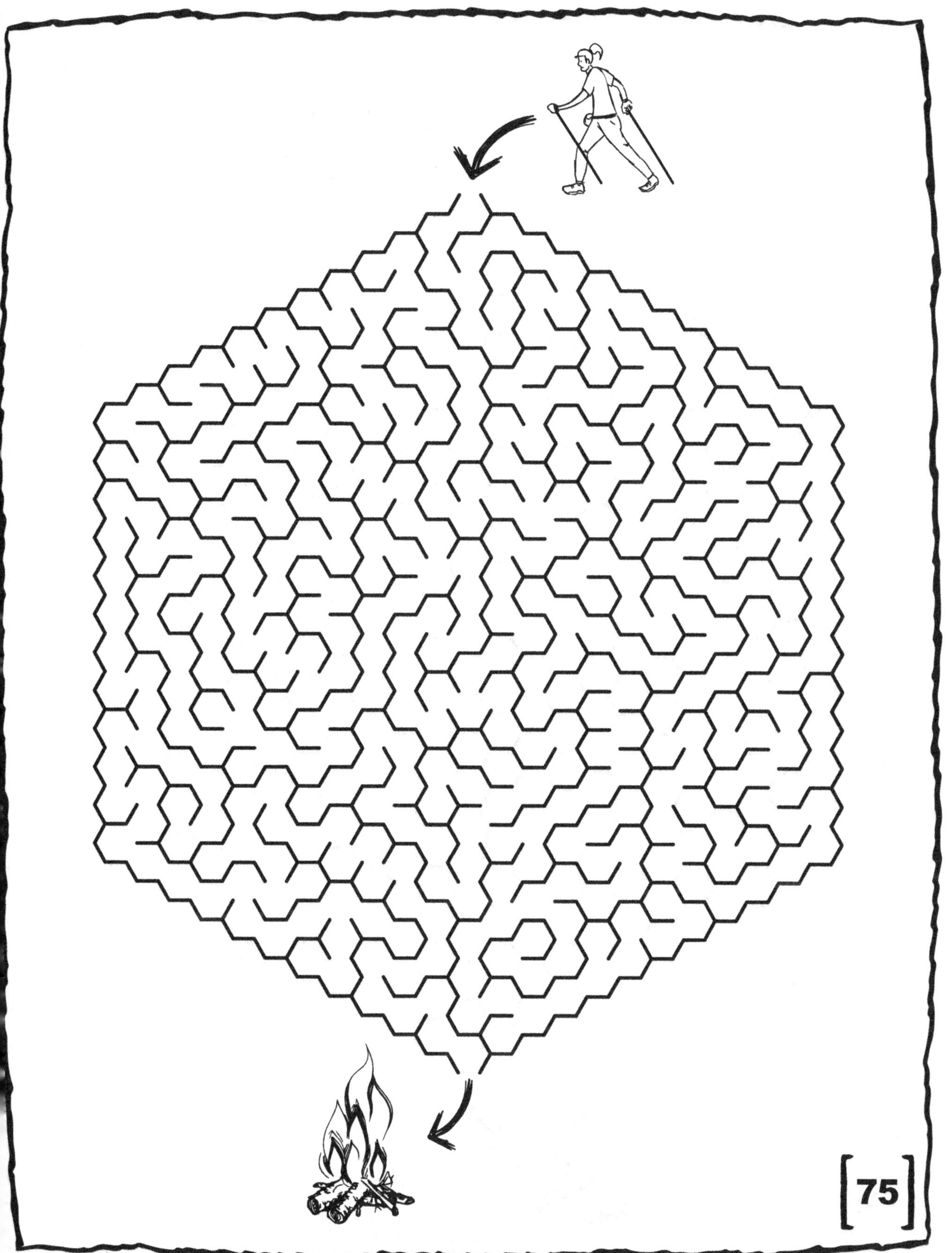

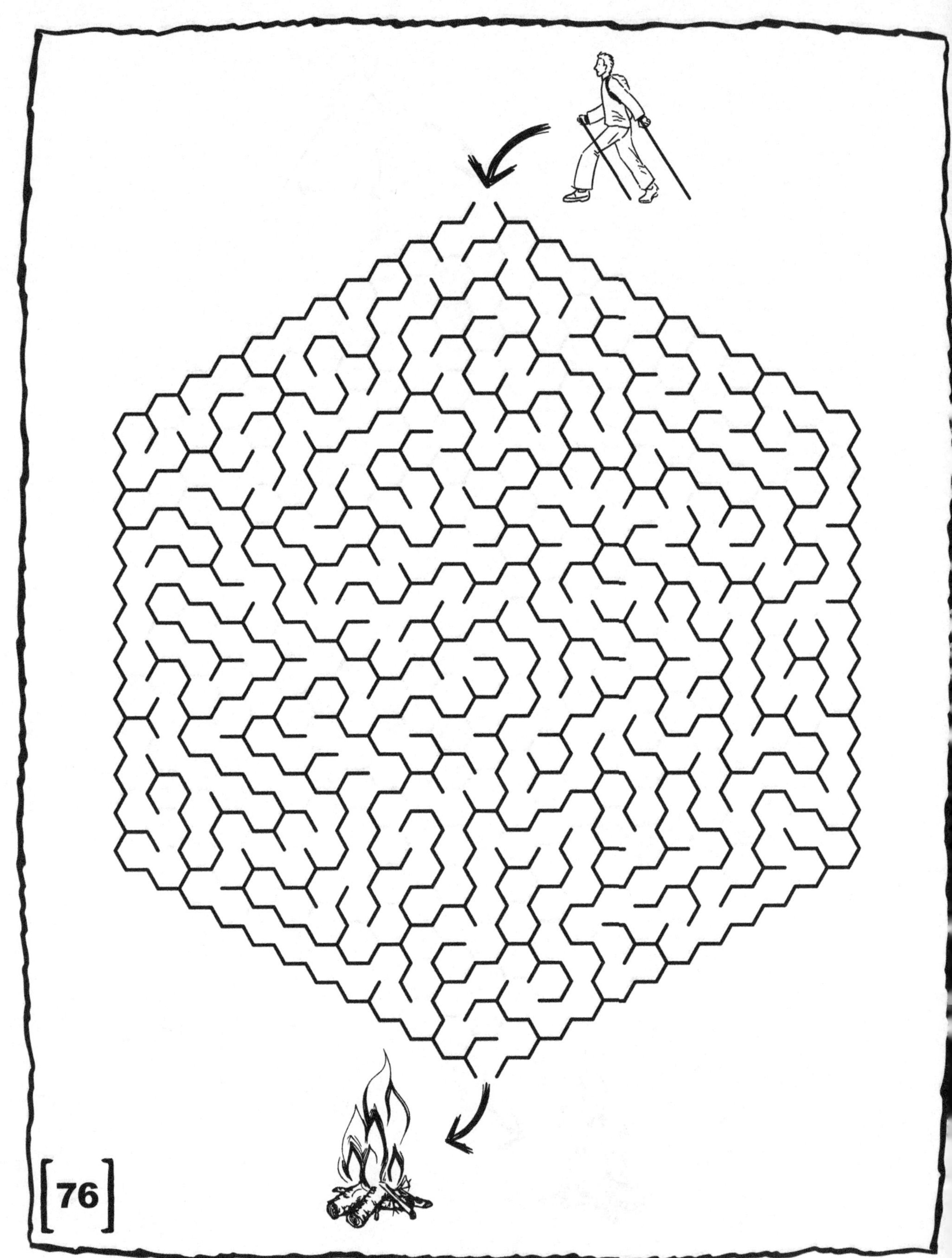

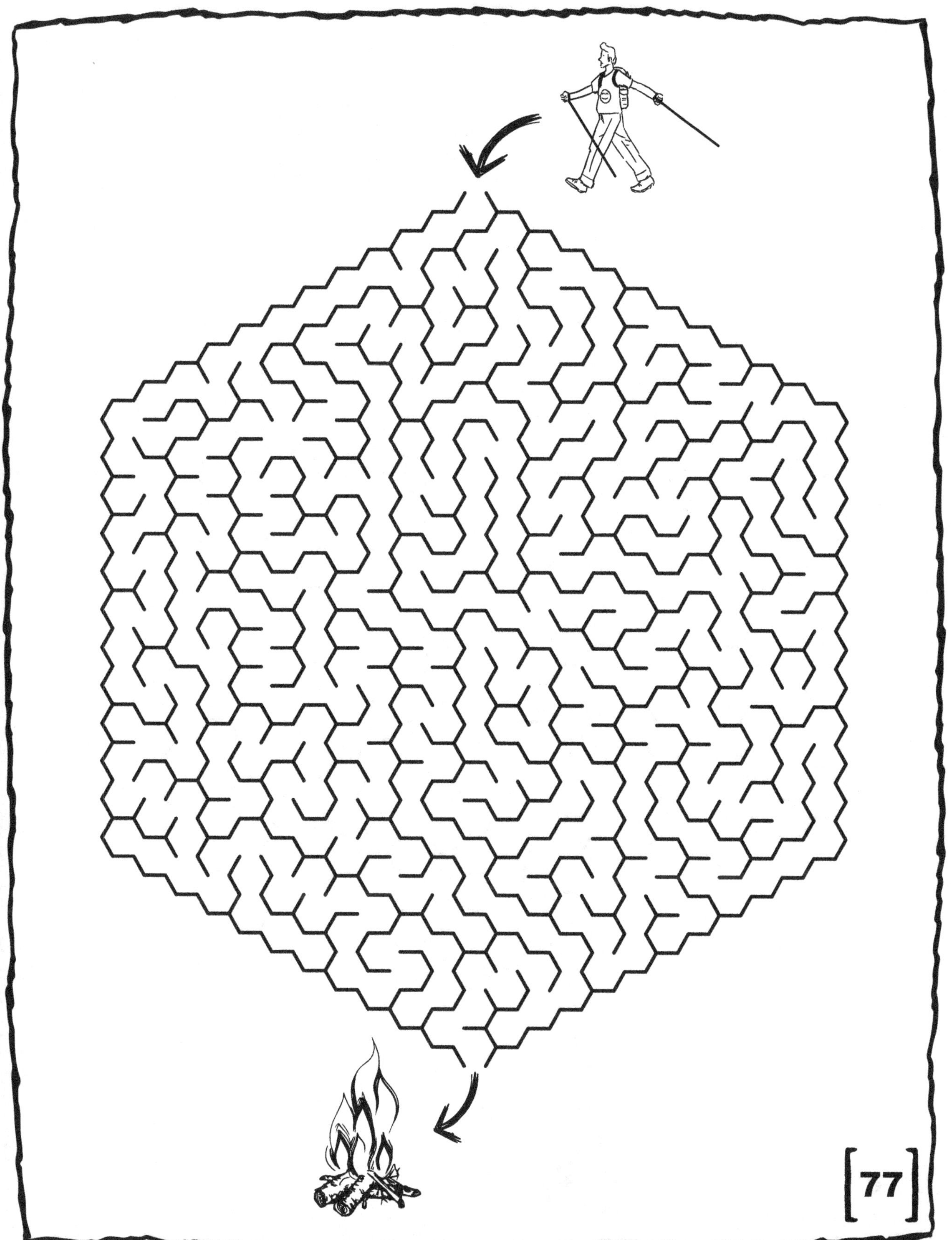

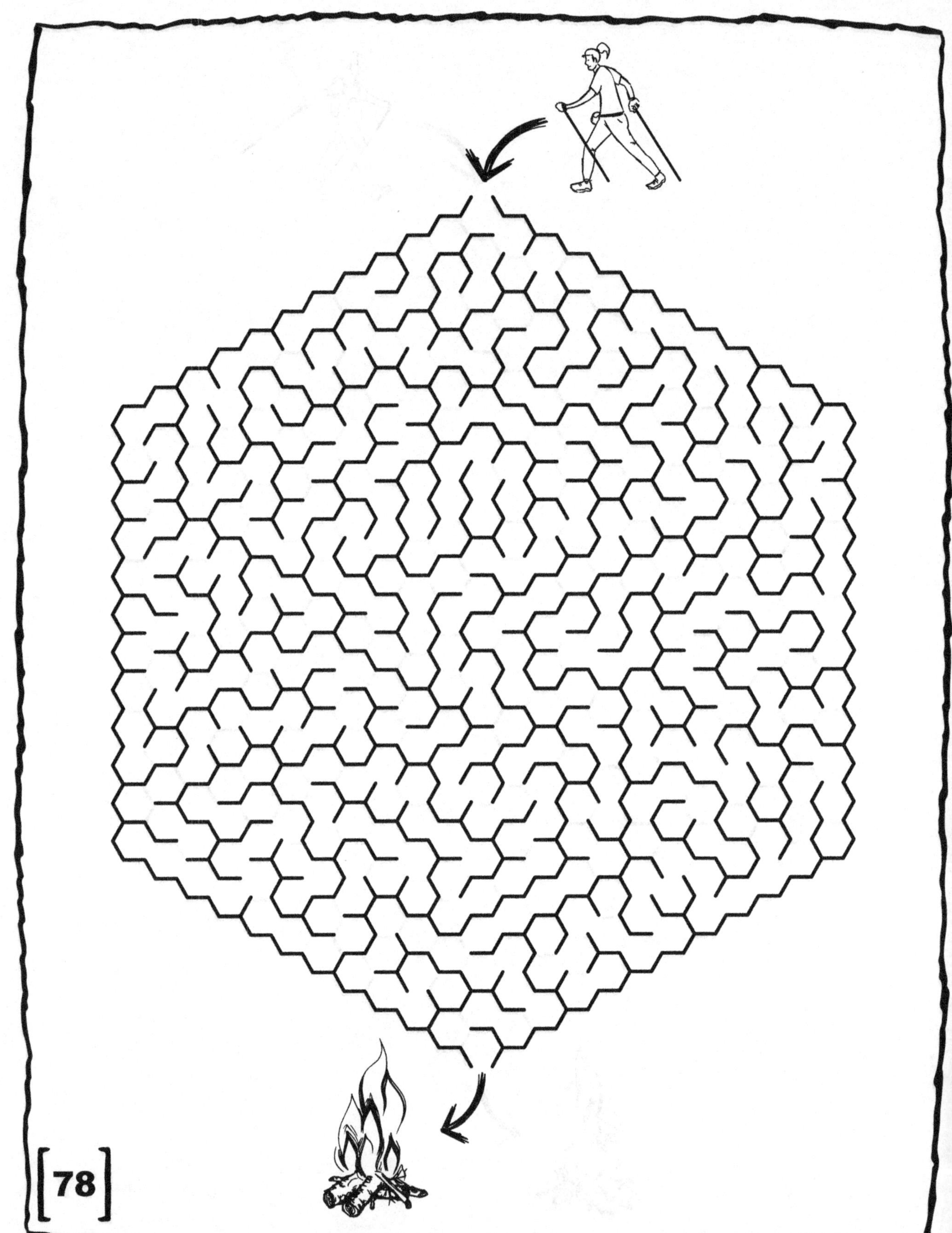

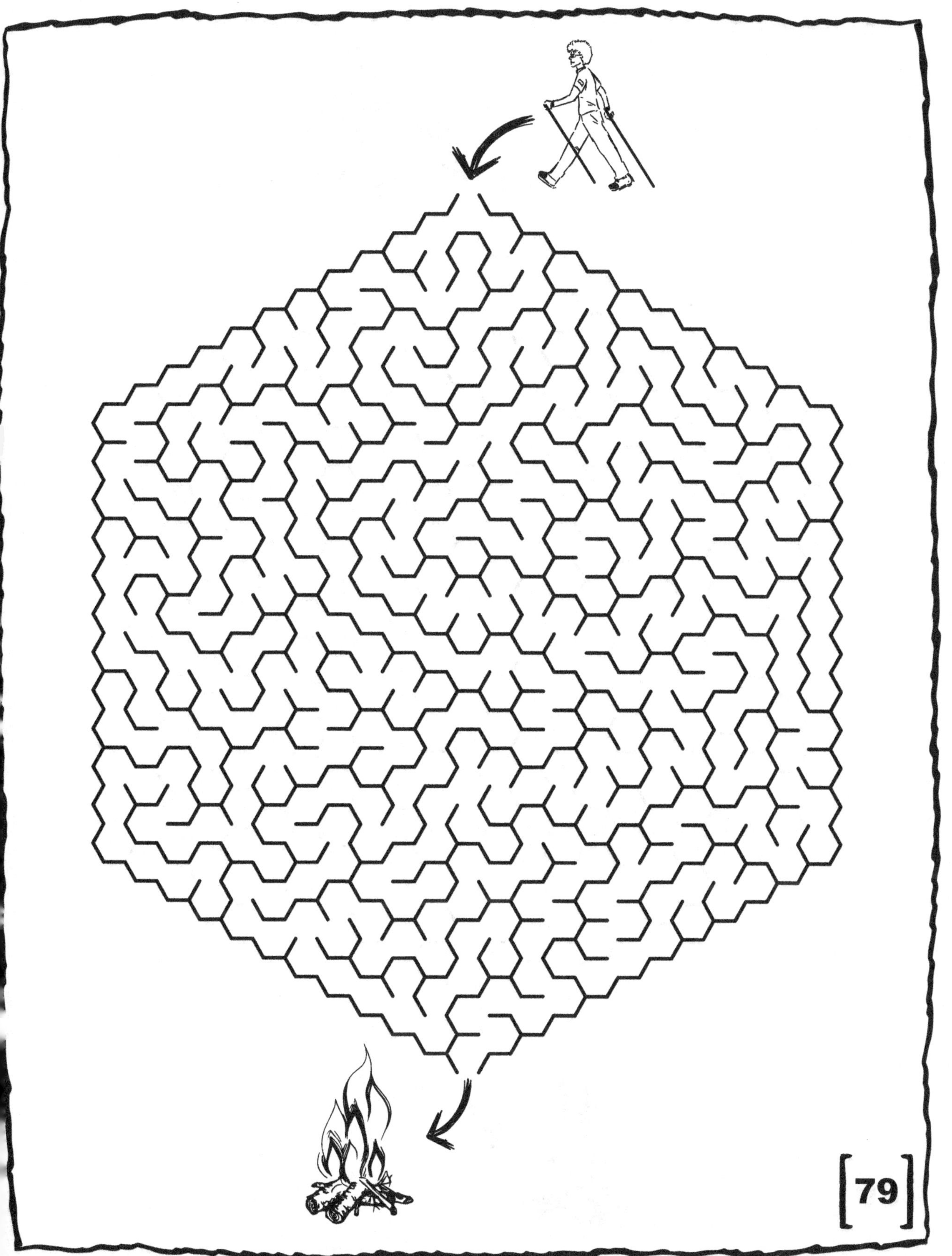

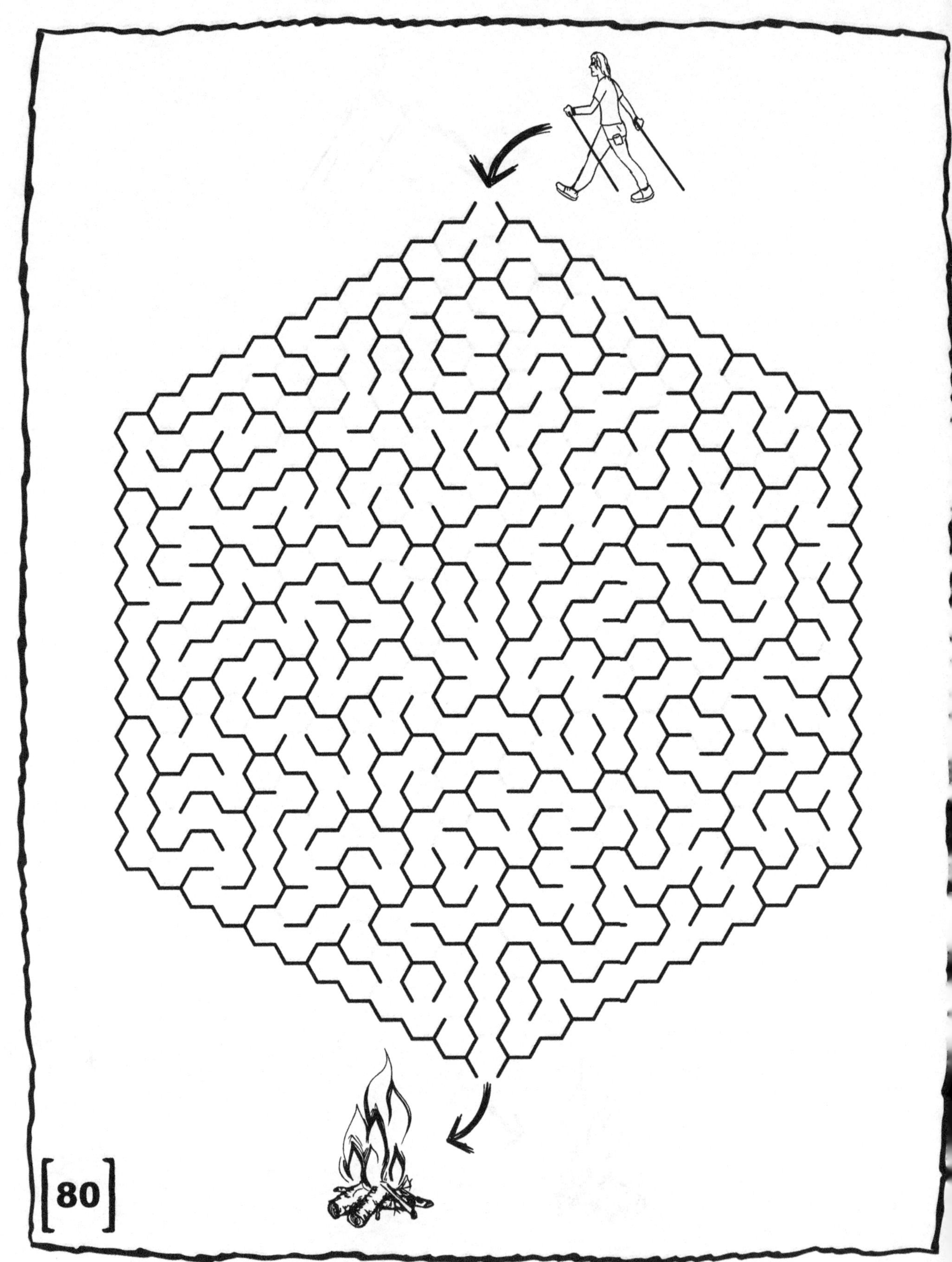

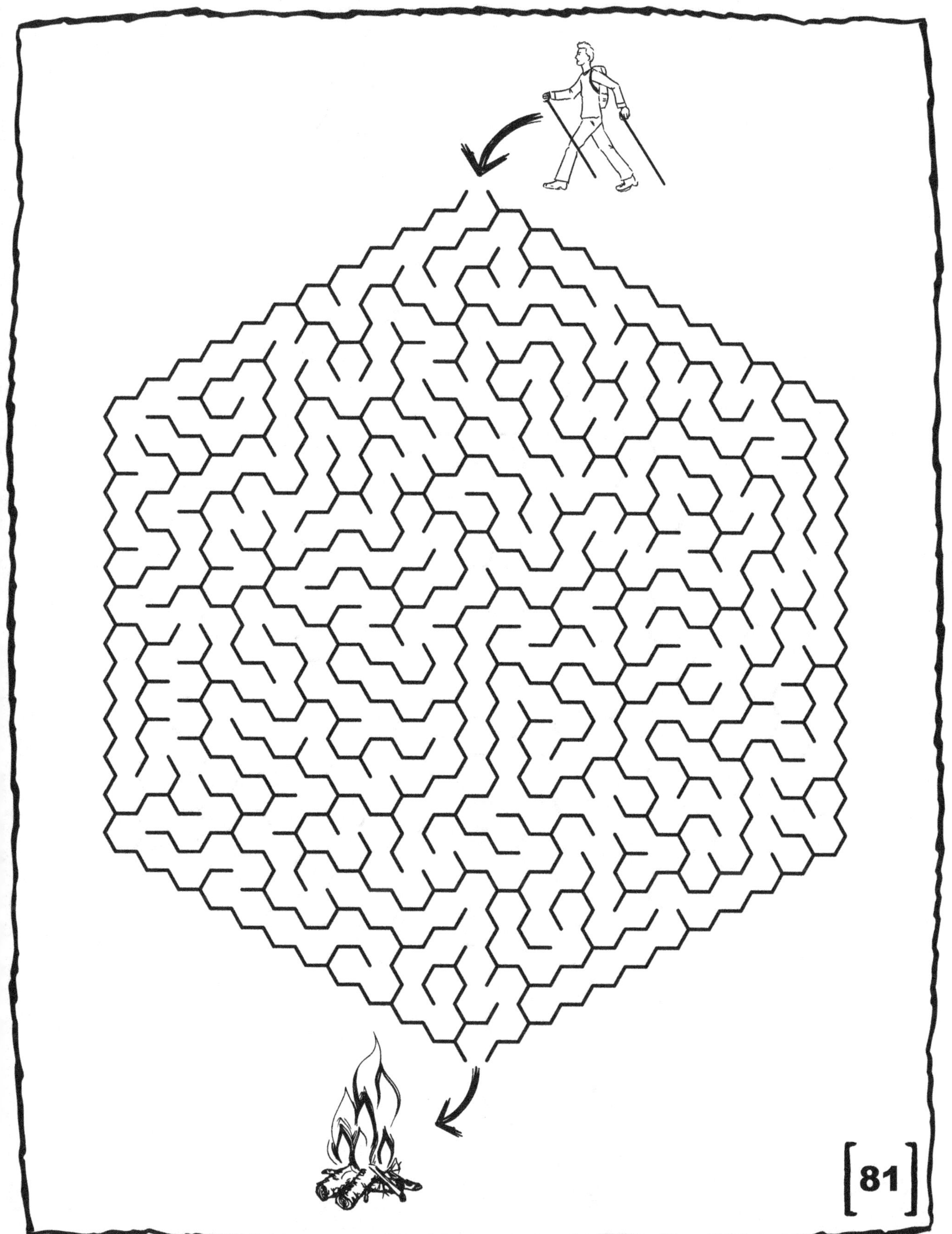

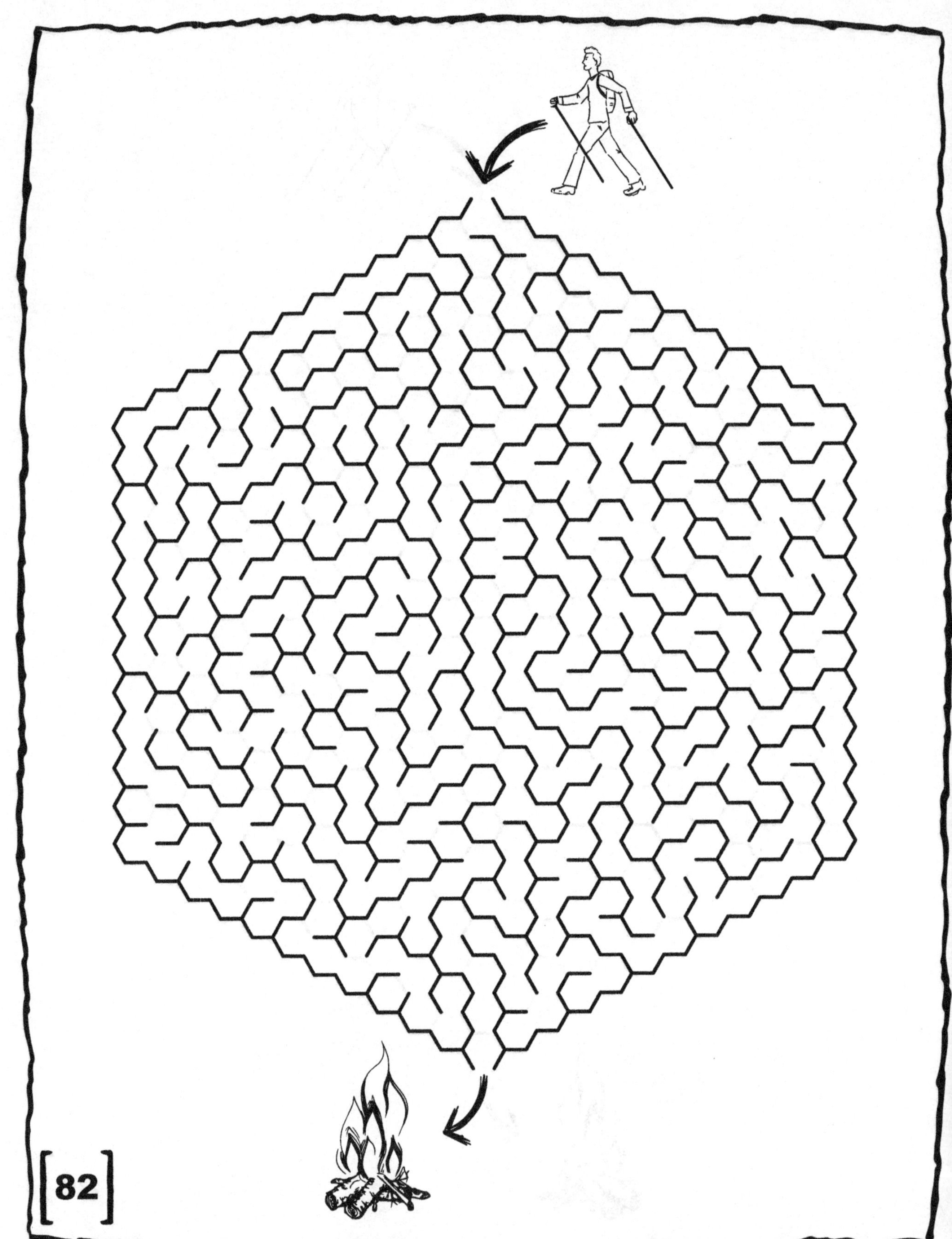

82

1

2

3

4

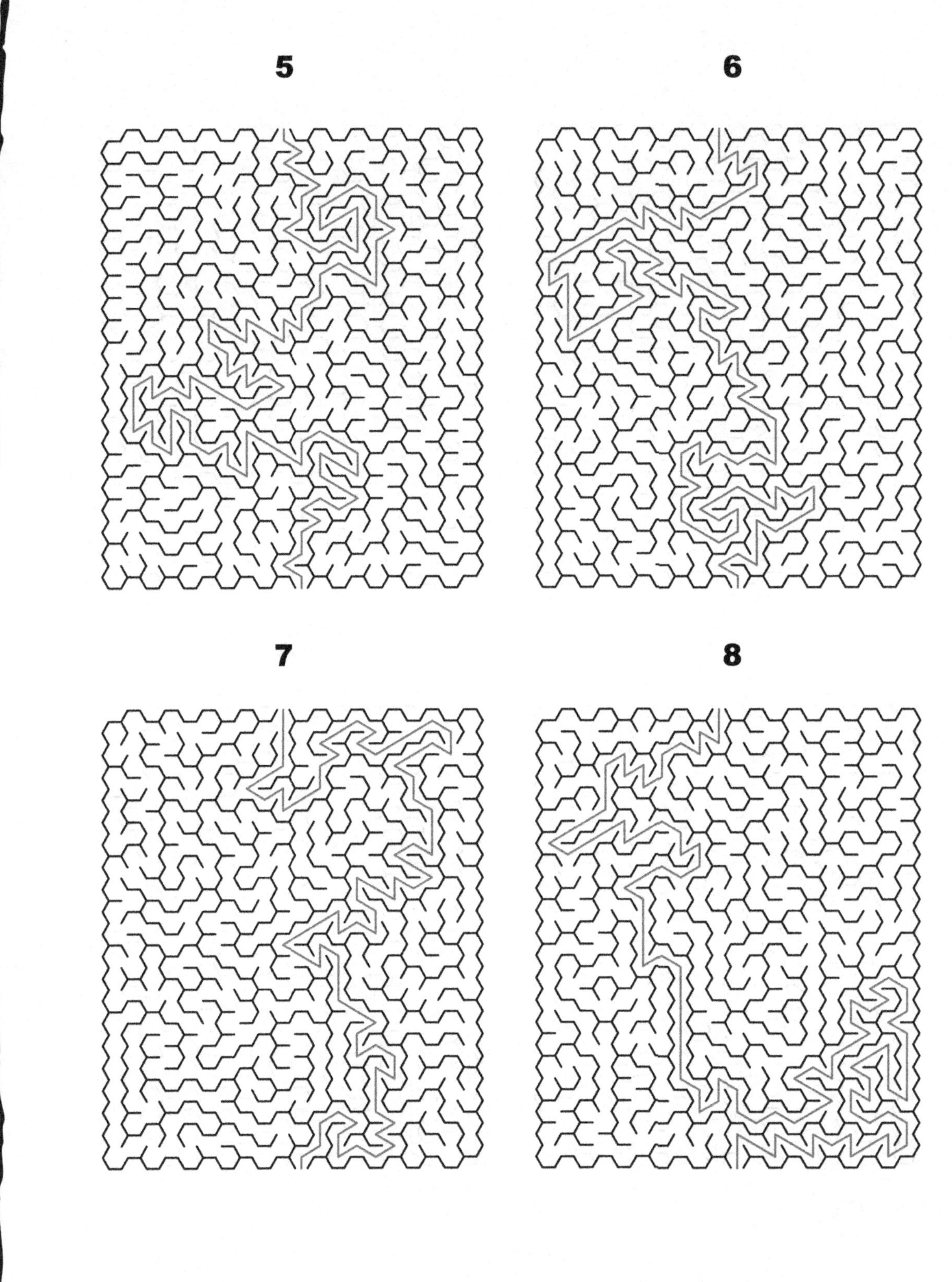
5
6
7
8

9

10

11

12

13

14

15

16

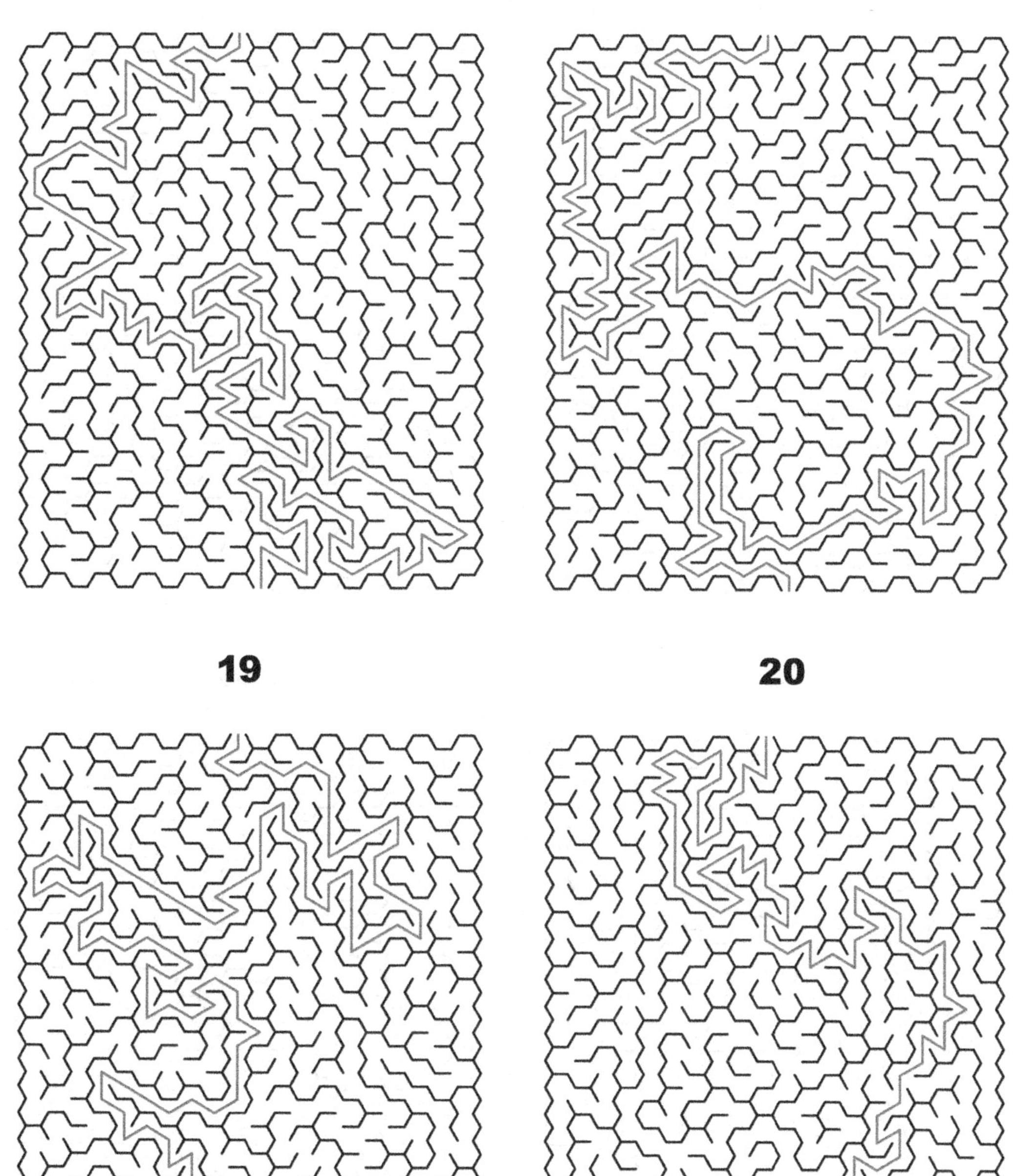

17
18
19
20

21

22

23

24

25

26

27

28

29

30

31

32

33

34

35

36

37

38

39

40

41

42

43

44

45

46

47

48

49

50

51

52

53

54

55

56

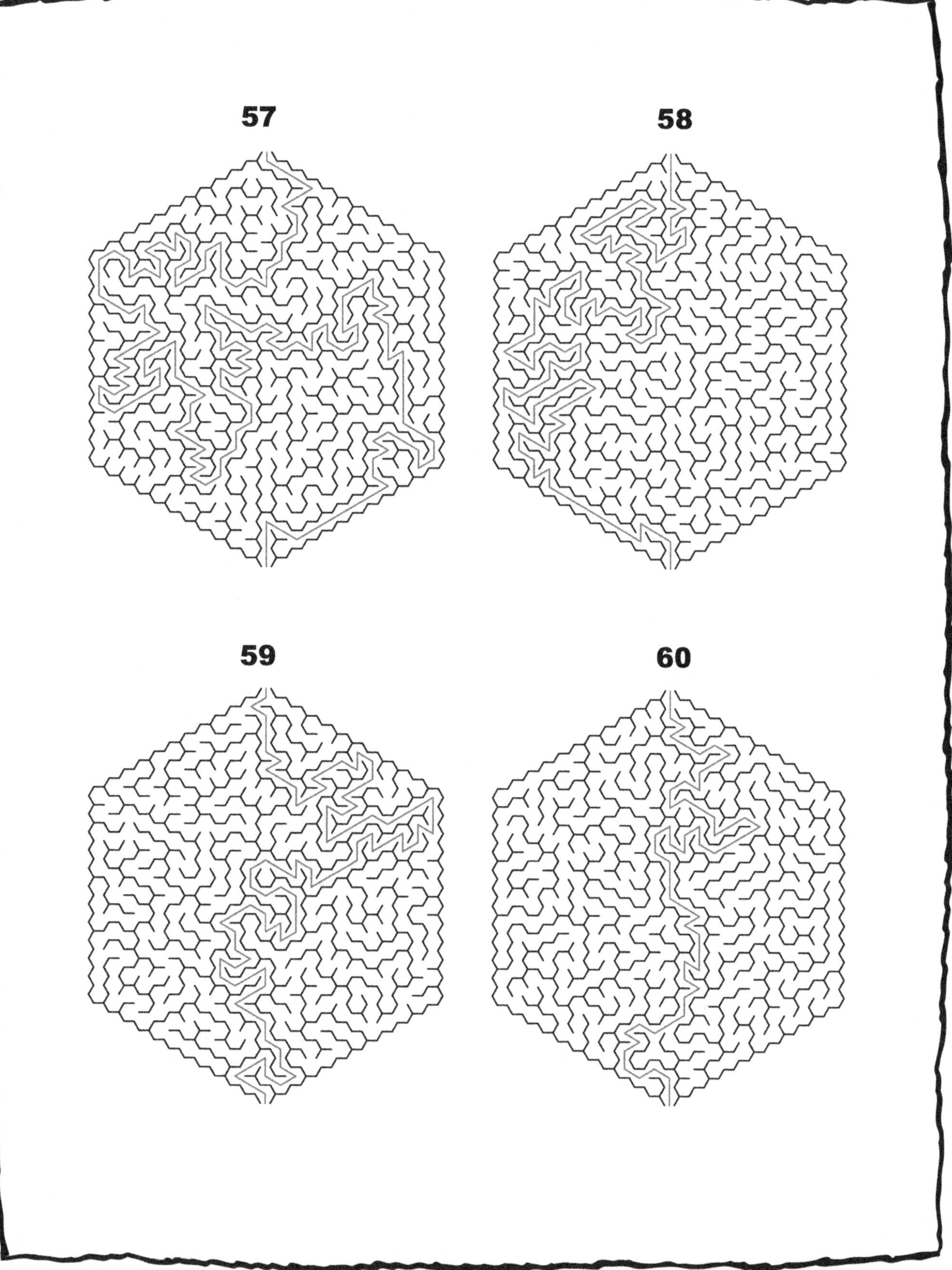

57

58

59

60

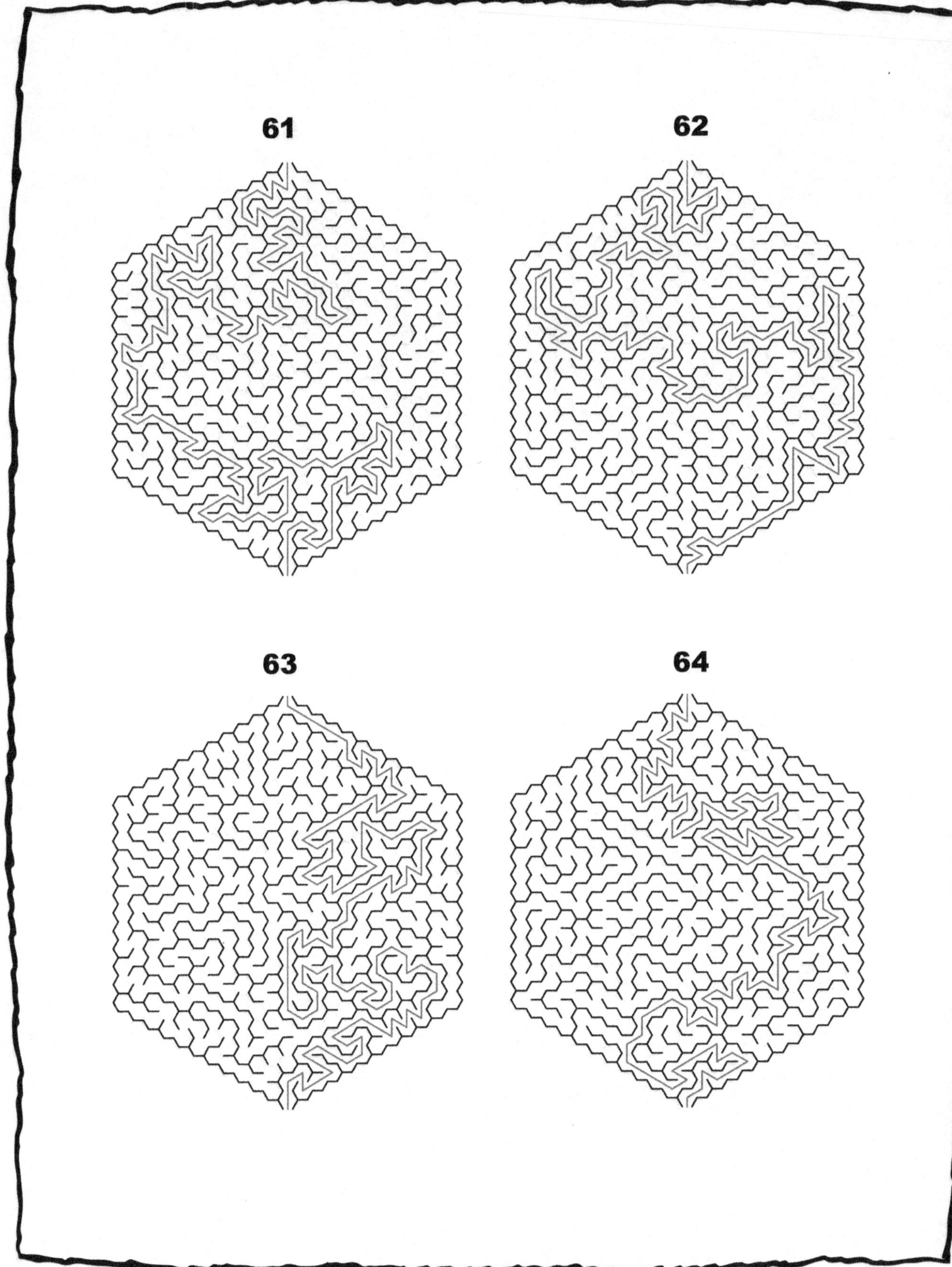

61
62
63
64

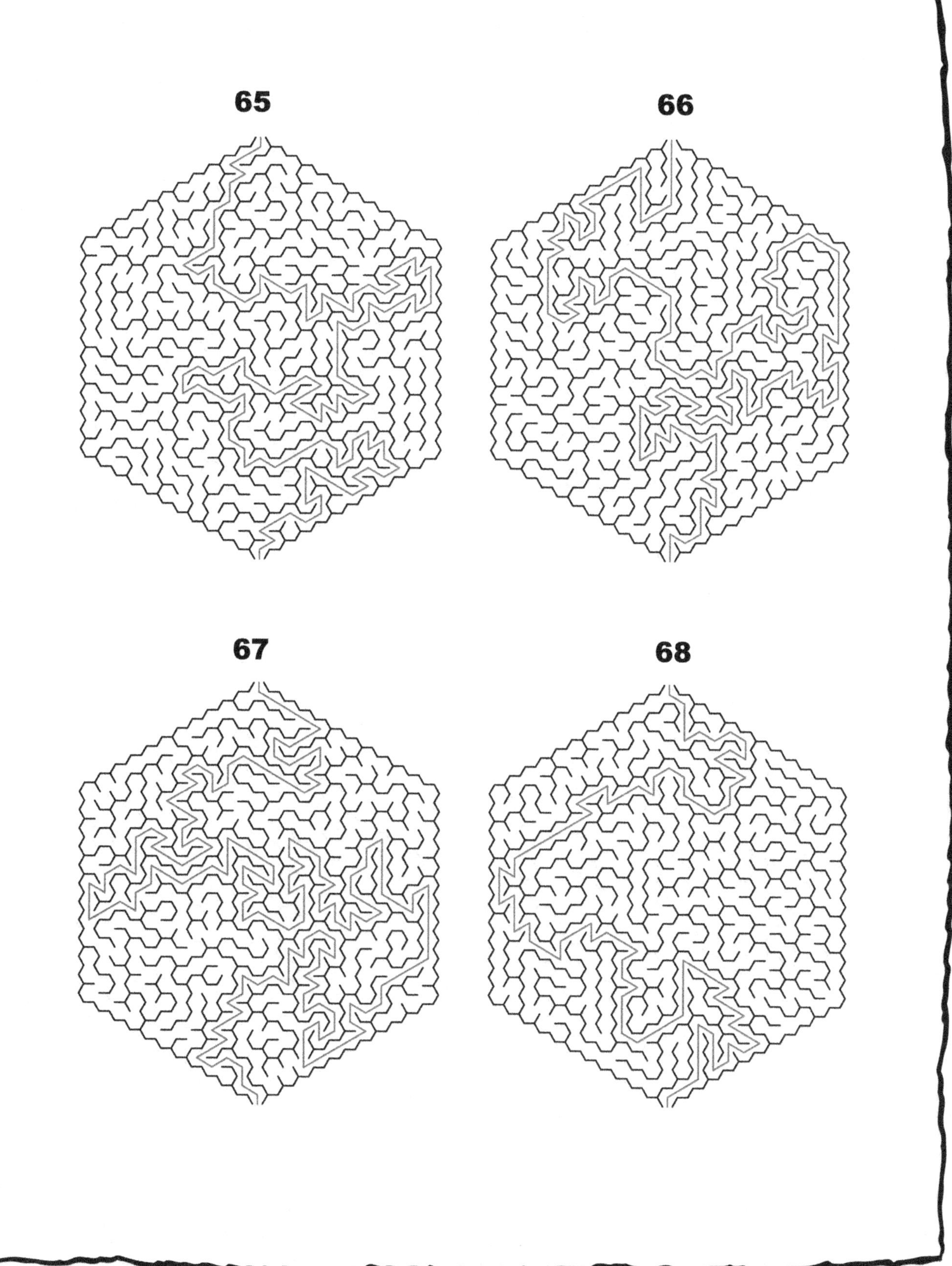

65
66
67
68

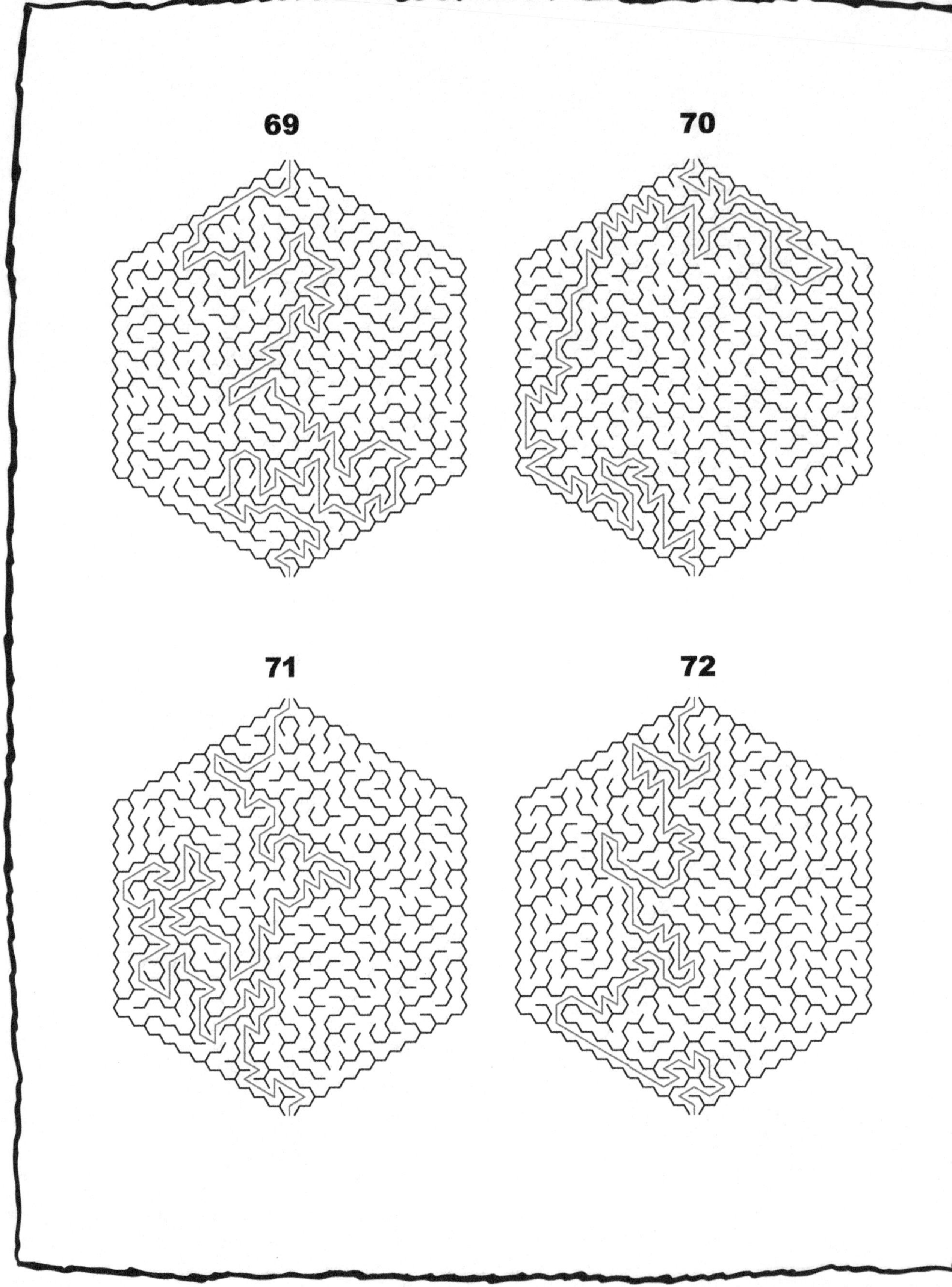

69
70
71
72

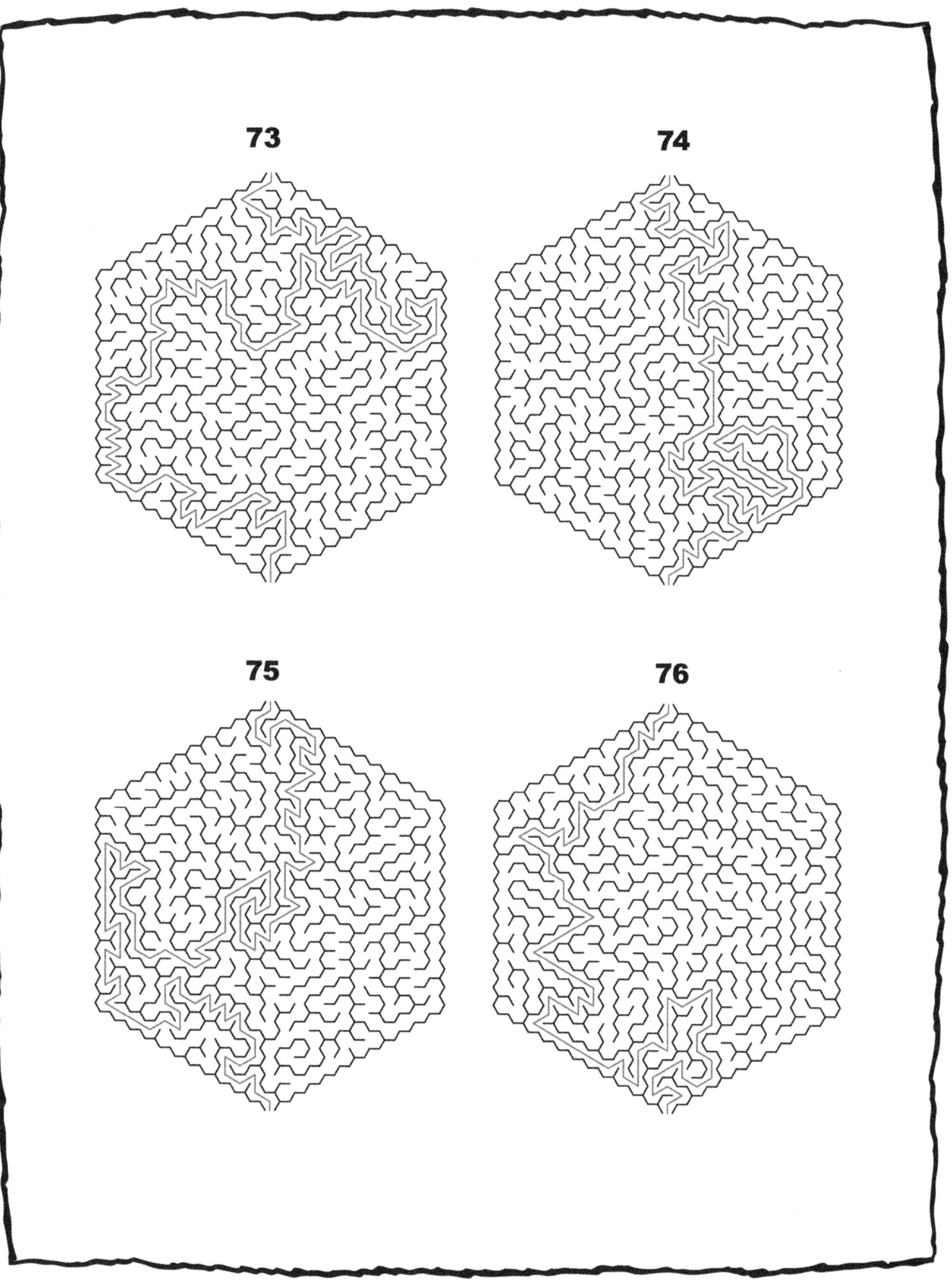
73
74
75
76

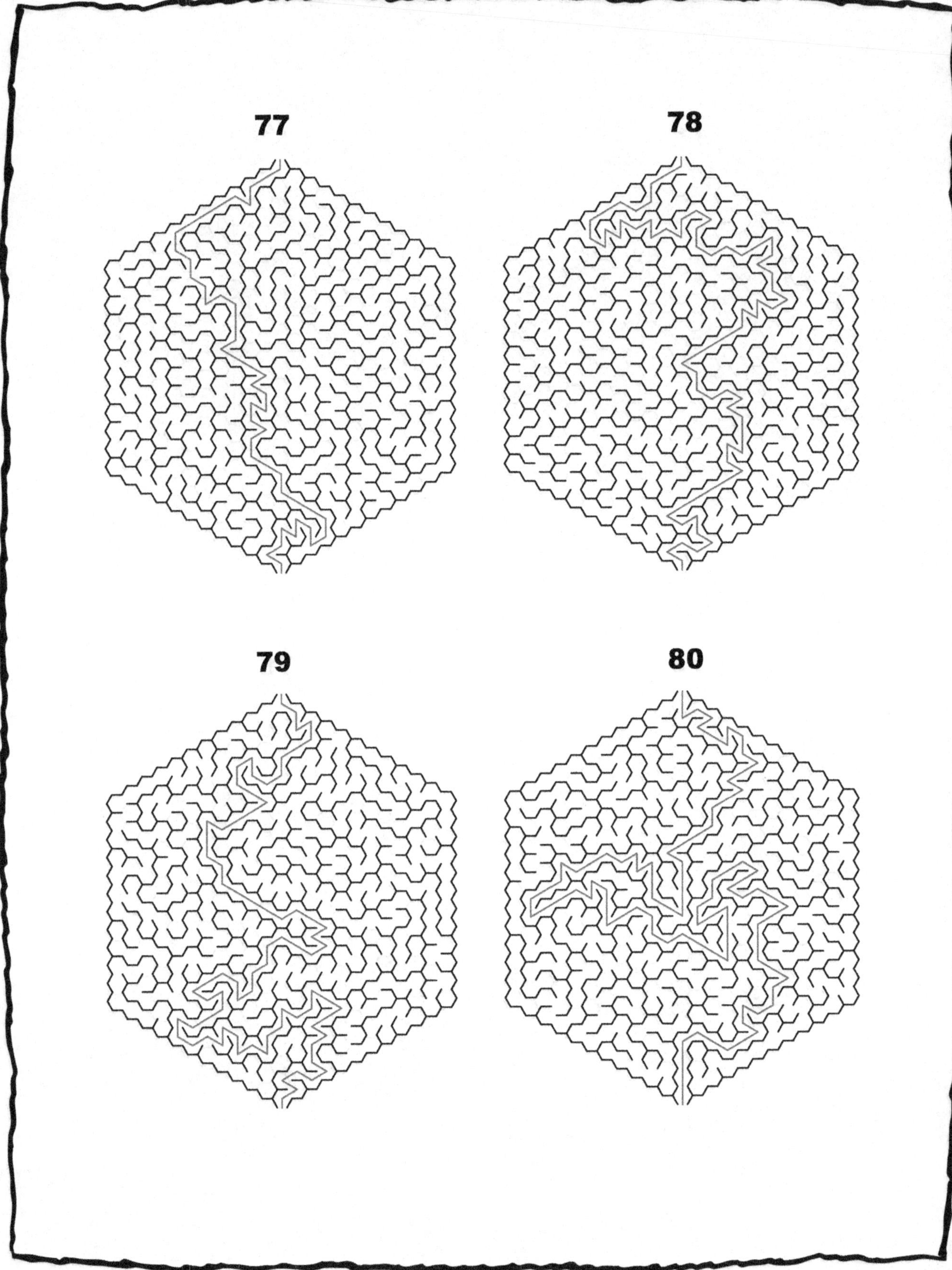
77
78
79
80

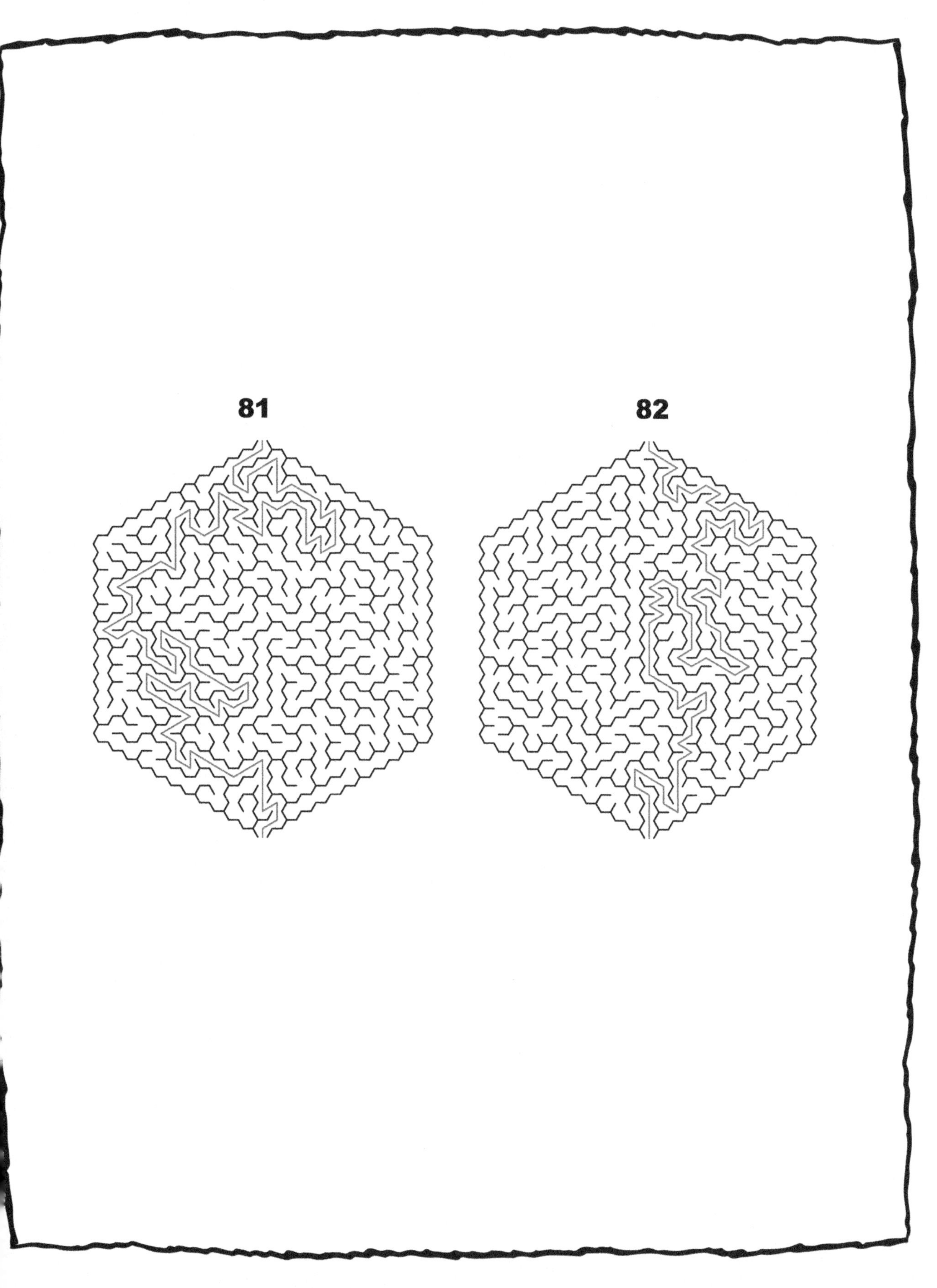

81
82